VERRAT-TRAUMA

Dein praktischer Leitfaden für die vollständige Heilung von Traumata und toxischen Beziehungen

Laura Gardner

Alle Rechte vorbehalten. Der Inhalt dieses Buches darf ohne direkte schriftliche Genehmigung des Autors oder des Herausgebers nicht vervielfältigt, vervielfältigt oder übertragen werden.

Unter keinen Umständen wird der Herausgeber oder Autor für Schäden, Wiedergutmachung oder finanzielle Verluste verantwortlich gemacht, die direkt oder indirekt auf die in diesem Buch enthaltenen Informationen zurückzuführen sind.

© Urheberrecht Laura Gardner 2024

Inhaltsverzeichnis

Einleitung

Ich möchte damit beginnen, dass es mir so leid tut, dass Sie sich hier wiedergefunden haben. Ich kenne die Details Ihrer Geschichte noch nicht, aber ich weiß, dass Sie, wenn Sie dies lesen, wahrscheinlich von jemandem verletzt wurden, den Sie zutiefst geliebt haben. Und es gibt keinen einfachen Weg, das zu umgehen – Verrat ist eine besondere Art von Schmerz. Es ist verwirrend. Es ist herzzerreißend. Und es kann dir das Gefühl geben, dass du nie wieder so sein wirst wie zuvor.

Ich saß Menschen gegenüber, die mir ihre Geschichten von Verrat erzählten – roh, verletzlich, mit Tränen zurückhaltend (oder manchmal überhaupt nicht zurückhaltend). Ich habe gesehen, wie ihre Augen nach Antworten suchen, nach Gründen, nach Erklärungen, die dem, was sie durchgemacht haben, einen Sinn geben könnten. Und ich weiß, dass, obwohl jede Geschichte anders ist, der Schmerz oft derselbe ist.

Ich war auch dort. Ich weiß, wie es sich anfühlt, jemandem so voll und ganz zu vertrauen, nur um dieses Vertrauen auf eine Weise zu erschüttern, die man nie hätte kommen sehen. Ich erinnere mich an die Nächte, in denen ich nicht schlafen konnte, jeden kleinen Moment Revue passieren ließ und versuchte herauszufinden, was alles schief gelaufen war. Der Schmerz, die Wut, die Verwirrung – alles vermischte sich zu etwas, das sich zu groß anfühlte, um es zu tragen. Und doch trug ich es lange Zeit mit mir herum.

Als ganz normaler Mensch fühlst du dich wahrscheinlich verloren, du hinterfragst vielleicht sogar alles. "Wie konnte mir das passieren?" "Warum haben sie das getan?" "Was habe ich falsch gemacht?" Das sind alles Fragen, die ich mir auch gestellt habe. Und obwohl ich nicht alle Antworten habe, habe ich gelernt, dass es bei der Heilung von Verrat nicht darum geht, eine saubere Erklärung zu finden. Es geht darum, sich selbst wiederzufinden.

Eine Sache, die ich verstanden habe, ist, dass ein Verratstrauma nicht nur ein Beziehungsproblem ist – es ist ein *Problem mit dir*. Das meine ich nicht so, wie es klingt. Was ich meine, ist, dass, wenn Verrat zuschlägt, das nicht nur die Beziehung beeinflusst; Es sickert in dein Selbstgefühl ein. Es berührt jeden Winkel deiner Identität und lässt dich Dinge in Frage stellen, bei denen du dir einst sicher warst – wie deinen Wert, deine Grenzen, sogar dein eigenes Urteilsvermögen.

In diesem Buch geht es darum, dir zu helfen, von all dem zu heilen. Es geht nicht nur darum, den Schmerz des Verrats selbst zu überwinden; Es geht darum, das wieder aufzubauen, was in dir zerbrochen war. Und das braucht Zeit, Geduld und eine Menge Mitgefühl – sowohl für dich selbst als auch für die komplizierten Gefühle, mit denen du es zu tun hast.

Du solltest verstehen, dass das, was du in diesem Moment fühlst, völlig gültig ist. Egal, ob du wütend, traurig, taub oder völlig überwältigt bist, es ist alles Teil des Prozesses. Heilung verläuft nicht linear. Es wird Tage geben, an denen man das Gefühl hat, Fortschritte zu machen, und dann wird es Tage geben, an denen man das Gefühl hat, wieder am Anfang zu stehen. Aber mit jedem Schritt, auch mit den kleinen, kommst du einem Ort der Ruhe näher. Das verspreche ich Ihnen.

In diesem Buch werde ich Sie durch einige der schwierigsten Teile Ihrer Reise begleiten – den emotionalen Schock verstehen, die psychologischen Folgen bewältigen und schließlich sich selbst wiederfinden. Auf dem Weg dorthin werde ich Werkzeuge und Erkenntnisse teilen, die mir und anderen geholfen haben, von einem Verratstrauma zu heilen. Ich werde die Dinge nicht beschönigen oder Ihnen flauschige Ratschläge geben, denn ehrlich gesagt, Sie haben etwas Besseres verdient als das. Was du brauchst, ist echte, ehrliche, von Herzen kommende Unterstützung.

Dies ist Ihr Ausgangspunkt. Nicht das Ende, nicht einmal annähernd. Du bist stärker, als du denkst, und auch wenn sich der Weg, der vor dir liegt, unsicher anfühlen mag, ist es ein Weg, der zu Heilung, Ganzheit und ja, sogar Hoffnung führt. Du wirst das durchstehen, und ich werde genau hier sein und dich bei jedem Schritt des Weges begleiten.

Egal, wie gebrochen du dich gerade fühlst, ich glaube an deine Fähigkeit, zu heilen und wieder aufzustehen – denn ich habe es gesehen, und ich weiß, dass es auch dir passieren kann.

Von ganzem Herzen,

Laura Gardner

Kapitel 1

Der emotionale Schock des Verrats

Es gibt keine Möglichkeit, sich wirklich auf den Moment vorzubereiten, in dem der Verrat zuschlägt. Es ist, als würde dir jemand den Boden unter den Füßen wegziehen, und plötzlich steht alles, was du zu kennen glaubtest, auf dem Kopf. Du fühlst dich verwirrt, desorientiert und ein bisschen so, als ob die Welt keinen Sinn mehr ergibt. Und das liegt daran, dass es für einen Moment wirklich keinen Sinn mehr ergibt.

Vor fünf Jahren entdeckte ich, dass mein damaliger Partner mich betrogen hatte. Es war keine explosive Enthüllung, keine dramatische Konfrontation. Es war eine langsame, sinkende Erkenntnis. Eines, das mit einem kleinen, nagenden Gefühl in meinem Hinterkopf begann – irgendetwas passte einfach nicht zusammen. Und dann, nach und nach, kam die Wahrheit ans Licht. Zuerst wollte ich es nicht glauben. Ich überzeugte mich, dass es eine Erklärung geben musste, einen Grund, etwas, das mir fehlte, um alles in Ordnung zu bringen. Aber irgendwann konnte ich nicht mehr davor weglaufen. Und dieser Moment – als es mich voll traf – fühlte sich an, als hätte jemand in mich hineingegriffen und einen Schalter umgelegt. Ich fühlte mich nicht mehr sicher und geliebt, sondern fühlte mich, als wüsste ich nicht einmal, was real war.

Vielleicht war deine Erfahrung plötzlicher. Vielleicht bist du über eine Nachricht gestolpert, die du nicht sehen solltest, oder hast etwas gehört, das deine schlimmsten Befürchtungen bestätigt hat. Wie auch immer es passiert ist, eines ist universell: Verrat erschüttert uns bis ins Mark, weil er genau das angreift, was Beziehungen sicher macht – Vertrauen. Wenn jemand, den wir lieben, dieses Vertrauen bricht, ist es nicht nur die Beziehung, die zerbricht; Es ist unser Sinn für die Realität.

Die Achterbahn der Gefühle

Das erste, was du wissen musst, ist, dass es normal ist, sich nach einem Verrat emotional überwältigt zu fühlen. Ich würde mir sogar Sorgen machen, wenn du das nicht so empfinden würdest. Du wirst eine Achterbahn der Gefühle durchmachen, manchmal am selben Tag oder sogar in der gleichen Stunde. In einer Minute verspürst du vielleicht eine seltsame Taubheit, als ob dein Gehirn nicht ganz verarbeiten kann, was passiert ist. Im nächsten Moment bist du wütend — sogar wütend. Und dann, genauso schnell, verspürst du vielleicht eine Welle tiefer Traurigkeit oder vielleicht sogar Schuldgefühle. Es ist verwirrend, und das ist in Ordnung. Das ist Teil des Prozesses.

Manche Leute nennen es den "Verratsnebel". Es ist dieser mentale Zustand, in dem sich alles ein bisschen verschwommen anfühlt und man sich nicht sicher ist, in welche Richtung es geht. Es kann sein, dass du dich dabei ertappst, wie du Ereignisse in deinem Kopf immer und immer wieder durchspielst und versuchst, genau zu bestimmen, wann etwas schief gelaufen ist. Vielleicht fängst du sogar an, deine eigenen Instinkte in Frage zu stellen und dich zu fragen, warum du es nicht kommen sahst. Auch das ist eine normale Reaktion. Dein Gehirn versucht, etwas Sinnlosem einen Sinn zu geben.

Aber die Sache ist die: Verrat ist nicht logisch. Es ist emotional, es ist chaotisch und es ergibt selten einen Sinn in der Weise, wie wir es uns erhoffen. Wenn Sie also in dieser Schleife des "Warum" und "Wie" feststecken, versuchen Sie, sich daran zu erinnern, dass Sie möglicherweise nicht die Antworten erhalten, nach denen Sie suchen. Und selbst wenn du es tätest, machen sie den Schmerz vielleicht nicht leichter zu ertragen.

Warum es so tief schmerzt

Es gibt einen Grund, warum sich Verrat wie eine Wunde anfühlt, die man nicht abschütteln kann. Denn wenn wir jemanden lieben, öffnen wir uns ihm auf eine Weise, wie wir es bei niemandem sonst tun. Wir lassen sie uns sehen, mit all ihren Fehlern. Wir vertrauen darauf, dass sie unser Herz halten, und wir glauben, dass sie sich um dieses Vertrauen kümmern werden. Wenn sie das nicht tun, schneidet es tief ein.

Verrat, vor allem von einem Partner, tut nicht nur wegen der Handlung selbst weh – er tut weh, weil er unser Selbstverständnis verändert. Vielleicht stellst du deinen Wert in Frage und fragst dich, ob du irgendwie schuld an dem bist, was passiert ist. Oder vielleicht hast du Angst, dass dieser Verrat etwas über dich aussagt – dass du nicht genug warst oder dass du etwas verpasst hast, das du hättest sehen sollen.

Ich sage dir jetzt schon: Verrat ist nie deine Schuld. Es ist leicht zu denken, dass die Dinge vielleicht anders gekommen wären, wenn wir aufmerksamer, liebevoller oder irgendwie anders gewesen wären. Aber die Wahrheit ist, dass Verrat eine Entscheidung ist, die die andere Person trifft. Es geht um ihre Entscheidungen, nicht um Ihre Unzulänglichkeiten. Und die Tatsache, dass du diesen Schmerz so tief spürst? Das bedeutet nur, dass du die Fähigkeit hast, tief zu lieben, voll und ganz zu vertrauen – und das sind schöne Eigenschaften, auch

wenn sie sich in diesem Moment wie Schwächen anfühlen
mögen.

Was tun mit all diesen Emotionen?

In den frühen Stadien des Verrats ist es verlockend, zu
versuchen, die überwältigenden Emotionen zu
unterdrücken, sie beiseite zu schieben und so zu tun, als
wäre alles in Ordnung. Ich verstehe. Es gab Tage, an
denen ich einfach nur die Bewegungen durchzog und
mich selbst davon überzeugte, dass es innerlich vielleicht
weniger weh tun würde, wenn ich es nach außen hin
zusammenhalten könnte.

Aber hier ist, was ich gelernt habe: Man muss es sich selbst
spüren lassen. So schmerzhaft es auch ist, du kannst nicht
heilen, was du dir nicht erlaubst zu fühlen. Die
Emotionen, die du gerade durchmachst – Wut,
Traurigkeit, Verwirrung – sind Teil des
Heilungsprozesses. Und je mehr du dir erlaubst, sie
anzuerkennen, desto weniger Kontrolle werden sie auf
lange Sicht über dich haben.

Ich sage nicht, dass du 24/7 in deiner Traurigkeit sitzen
musst. Es ist in Ordnung, Pausen von den schweren
Emotionen einzulegen und sich mit Dingen abzulenken,
die dir Trost oder Freude bringen. Aber wenn diese
Gefühle hochkochen, schieben Sie sie nicht wieder nach
unten. Setz dich zu ihnen. Tagebuch über sie. Sprich mit
jemandem, dem du vertraust. Weine, wenn es sein muss.

13

Diese Emotionen sind die Art und Weise, wie dein Körper verarbeitet, was passiert ist.

Praktische Schritte zur Bewältigung des Schocks

Nun, da wir über den emotionalen Wirbelsturm gesprochen haben, lassen Sie uns praktisch werden. Hier sind ein paar Dinge, die mir – und anderen, mit denen ich gearbeitet habe – geholfen haben, den ersten Schock des Verrats zu überwinden:

1. **Gönnen Sie sich Zeit zum Trauern**: Verrat ist ein Verlust, und wie jeder Verlust braucht er Zeit zum Trauern. Überstürze dich nicht durch diesen Prozess. Es ist ganz natürlich, Traurigkeit, Wut oder sogar Taubheit zu empfinden. Es gibt keinen festgelegten Zeitplan für deinen Heilungsprozess.
2. **Verlassen Sie sich auf Ihr Support-System**: Ich weiß, dass es sich peinlich oder unangenehm anfühlen kann, zuzugeben, was passiert ist, aber es kann eine große Erleichterung sein, sich an vertrauenswürdige Freunde oder Familie zu wenden. Manchmal kann es die emotionale Last erleichtern, wenn man mit jemandem darüber spricht, der sich um ihn kümmert.
3. **Journaling**: Das Aufschreiben von Dingen hilft, die chaotischen Gedanken aus dem Kopf zu bekommen und zu Papier zu bringen, wo sie etwas überschaubarer erscheinen. Du musst nichts

Ausgefallenes schreiben – einfach das, was dir in den Sinn kommt.

4. **Fokus auf Selbstfürsorge**: Es mag klischeehaft klingen, aber Selbstfürsorge ist in dieser Zeit wirklich wichtig. Egal, ob du spazieren gehst, ein langes Bad nimmst oder dein Lieblingsessen isst, tu Dinge, die dich nähren. Dein Geist und dein Körper brauchen mehr Pflege, als sie je erhalten haben.

Auch wenn es im Moment nicht so aussieht, wirst du das durchstehen. Es wird nicht einfach sein, und es wird nicht über Nacht geschehen, aber Heilung *ist* möglich. Der emotionale Schock wird allmählich verblassen, und obwohl die Narben bleiben können, werden sie nicht immer so roh sein. Du wirst lernen, wieder zu vertrauen – vor allem, dir selbst zu vertrauen.

Konzentrieren Sie sich vorerst nur darauf, jeden Tag Schritt für Schritt zu bewältigen. Ich bin für den Rest dieser Reise bei dir, und ich kann dir sagen, dass du stärker bist, als du denkst. Den schwierigsten Teil hast du bereits überlebt – den Moment, in dem du die Wahrheit herausgefunden hast. Jetzt ist es Zeit zu heilen.

Kapitel 2

Die psychologischen Auswirkungen von Verrat

Nachdem der emotionale Schock nachgelassen hat, beginnt oft etwas anderes seinen Platz einzunehmen – eine tiefere, anhaltende Art von Schmerz, der sich in deinem Kopf festsetzt. Es ist der Teil des Verrats, der dein Selbstwertgefühl, deine Fähigkeit zu vertrauen und sogar die Art und Weise, wie du im Leben vorankommst, durcheinander bringt. In diesem Kapitel geht es darum, diese psychologischen Auswirkungen zu verstehen, denn wenn du sehen kannst, was in deinem Kopf passiert, bist du besser gerüstet, um den Heilungsprozess zu steuern.

Wenn es zum Verrat kommt, geht es nicht nur um den Moment der Entdeckung – es geht um alles, was danach kommt. Der Verstand macht komische Dinge, wenn er verletzt wurde. Es versucht, dich zu schützen, manchmal durch Überreaktion, manchmal durch Abschalten. Aber zu verstehen, warum du dich so fühlst, wie du bist, ist der erste Schritt, um etwas Kontrolle über das Chaos zu erlangen.

Die Auswirkungen auf das Vertrauen

Beginnen wir mit Vertrauen, denn das ist normalerweise eines der ersten Dinge, die einen Schlag einstecken, wenn man betrogen wurde. Wenn du wie die meisten Menschen bist, hat der Verrat nicht nur dein Vertrauen in die Person beeinträchtigt, die dich verletzt hat – er hat wahrscheinlich auch dein Vertrauen in alles andere erschüttert. Vielleicht fällt es dir jetzt schwer, anderen Menschen zu vertrauen, selbst denen, die dir keinen Grund gegeben haben, an ihnen zu zweifeln. Oder vielleicht hinterfragst du dein eigenes Urteilsvermögen und fragst dich, wie du die Anzeichen übersehen hast oder ob du jemals wieder in der Lage sein wirst, dir selbst zu vertrauen.

Das ist normal. Verrat, vor allem durch jemanden, der ihm nahe steht, kann dazu führen, dass sich die ganze Welt unsicher fühlt. Es kann dich hyperwachsam machen, ständig auf der Hut vor der nächsten Verletzung. Du könntest anfangen, die Motive aller zu hinterfragen, einschließlich deiner eigenen. Ich weiß, dass ich es getan habe. Nach meiner Erfahrung ertappte ich mich dabei, wie ich selbst die unschuldigsten Interaktionen von der Seite betrachtete und mich fragte, ob da etwas unter der

Oberfläche lauerte. Ich wollte mich nicht noch einmal täuschen lassen.

Aber hier ist etwas, an das ich mich erinnern musste: Nur weil du verletzt wurdest, heißt das nicht, dass du wieder verletzt wirst. Der Verrat, den du erlebt hast, war real, und der Schmerz, den du fühlst, ist berechtigt, aber er muss nicht diktieren, wie du von nun an jede Beziehung angehst. Zu lernen, wieder anderen zu vertrauen — sowohl anderen als auch sich selbst — ist Teil des Heilungsprozesses. Es braucht Zeit, aber es ist möglich.

Die Abwehrmechanismen des Geistes

Eine andere Sache, die nach einem Verrat passiert, ist, dass dein Verstand anfängt, Abwehrmechanismen aufzubauen. Es ist, als würde eine Festung um dein Herz und deine Emotionen errichtet und versuchen, dich davor zu schützen, jemals wieder so verletzt zu werden. Das kann sich auf unterschiedliche Weise zeigen.

Für manche sieht es aus wie eine emotionale Betäubung. Du könntest das Gefühl haben, dass du auf Autopilot durchs Leben gehst und nicht wirklich viel von irgendetwas fühlst. Ich kenne Leute, die das als "Überlebensmodus" beschreiben, in dem man nur jeden Tag durchsteht, aber nicht wirklich lebt. Und ich verstehe es. Nachdem du so tief verletzt wurdest, fühlt es sich sicherer an, deine Gefühle abzuschalten. Aber während das dich kurzfristig vor Schmerzen schützen mag,

19

blockiert es auch die guten Dinge – Liebe, Freude, Verbundenheit. Und irgendwann musst du lernen, diese Emotionen wieder zuzulassen.

Bei anderen nimmt der Abwehrmechanismus die Form von Überkontrolle an. Nach einem Verrat verspürst du vielleicht das Bedürfnis, alles um dich herum zu kontrollieren, weil es sich anfühlt, als wäre es das Einzige, was du bewältigen kannst, wenn alles andere unsicher ist. Es kann sein, dass Sie sich potenzieller Bedrohungen sehr bewusst werden und sich immer auf das Schlimmste vorbereiten. Das könnte so aussehen, dass du das Verhalten deines Partners beobachtest, auch wenn er dich noch nie betrogen hat, oder dass du obsessiv jedes Detail deines Lebens planst, um weitere Überraschungen zu vermeiden.

Aber die Sache ist die: Die Welt wird immer unsicher sein, und der Versuch, alles zu kontrollieren, kann anstrengend sein. Ich habe auf die harte Tour gelernt, dass übermäßige Kontrolle nicht verhindert, dass schlimme Dinge passieren – sie zermürbt dich nur. Der wahre Weg zur Heilung besteht darin, zu lernen, mit diesem Unbehagen umzugehen, zu akzeptieren, dass man nicht alles kontrollieren kann, und darauf zu vertrauen, dass man mit allem umgehen kann, was auf einen zukommt.

Die "Was ist los mit mir?" Frage

Eine der häufigsten psychologischen Auswirkungen von Verrat besteht darin, die Schuld nach innen zu schieben. Nachdem du von jemandem, den du liebst, verletzt wurdest, ist es leicht, deinen eigenen Wert in Frage zu stellen. Du fragst dich vielleicht: "War etwas mit mir oder unserer Beziehung nicht in Ordnung, auf das ich nicht geachtet habe?" oder "War ich nicht genug?" Fragen wie diese können überwältigend sein und dich zermürben.

Ich war auch dort. Ich erinnere mich, dass ich dachte: "Wenn ich attraktiver, geduldiger oder etwas mehr gewesen wäre, wäre das vielleicht nicht passiert." Aber hier ist die Wahrheit, die ich lernen musste: Verrat ist kein Spiegelbild deines Wertes. Aber ihre Handlungen reflektieren sie und haben nichts mit deinem Wert zu tun.

Das bedeutet nicht, dass der Schmerz nicht real ist oder dass du keine Momente des Zweifels haben wirst. Aber ich möchte, dass du dich daran erinnerst: Du bist genug, so wie du bist. Die Handlungen eines anderen – vor allem sein Verrat – definieren nicht, wer du bist. Ohne zweimal nachzudenken, kannst du leicht in eine Situation geraten, an der du dir selbst die Schuld gibst, denn obwohl es seltsam ist, könnte es sich wie eine Möglichkeit anfühlen, die Kontrolle zurückzugewinnen. Wenn du schuld bist, hättest du vielleicht etwas anders machen können, oder? Aber das ist eine Illusion. Der Verrat war nicht deine Schuld, und dich deswegen zu verprügeln, wird dir keinen Frieden bringen.

Die Macht des Grübelns

Reden wir über das Grübeln. Es ist das, was Ihr Gehirn tut, indem es die gleichen Szenen immer und immer wieder abspielt, wie eine kaputte Schallplatte, die in den schlimmsten Momenten stecken bleibt. Vielleicht denkst du ständig über den Verrat nach – was gesagt wurde, was getan wurde, wie du dich in diesem Moment gefühlt hast. Vielleicht spielst du Gespräche noch einmal ab oder sezierst vergangene Momente, um Hinweise zu finden, die du verpasst hast.

Grübeln ist nach Verrat üblich, weil dein Gehirn versucht, etwas zu verstehen, das sich sinnlos anfühlt. Aber hier ist die harte Wahrheit: Je öfter du es spielst, desto mehr bleibst du in dem Schmerz stecken. Ich sage nicht, dass man nicht darüber nachdenken sollte, was passiert ist – Verarbeitung ist wichtig. Aber es gibt einen Unterschied zwischen Reflexion und Grübeln. Reflexion hilft dir, den Dingen einen Sinn zu geben und voranzukommen. Grübeln hält Sie in einem Kreislauf des Schmerzes gefangen.

Wenn du dich dabei ertappst, wie du im Grübeln feststeckst, kann es hilfreich sein, dich sanft daran zu erinnern: "Ich war schon einmal hier und ich muss das nicht noch einmal wiederholen." Manchmal musste ich es buchstäblich laut zu mir selbst sagen, um den Kreislauf zu durchbrechen. Es geht nicht darum, so zu tun, als wäre der Verrat nicht passiert, sondern es geht darum, die

Kontrolle über deine Gedanken zu übernehmen, damit sie nicht die Kontrolle über dich übernehmen.

Umgang mit Scham

Eine der schwersten psychologischen Lasten nach Verrat ist die Scham. Und es ist nicht nur Scham darüber, was passiert ist – es ist Scham darüber, wie du reagiert hast, was du fühlst und sogar, wer du bist. Scham hat eine heimtückische Art, sich einzuschleichen und dich glauben zu lassen, dass du aufgrund dessen, was passiert ist, gebrochen, fehlerhaft oder nicht liebenswert bist.

Aber ich möchte, dass du verstehst: Scham ist ein Lügner. Es versucht, dich davon zu überzeugen, dass der Verrat ein Spiegelbild deines Wertes war, aber das ist es nicht. Scham gedeiht im Verborgenen und Schweigen, weshalb das Sprechen über das, was du durchmachst, eine der mächtigsten Möglichkeiten sein kann, sie zu bekämpfen. Je mehr du deine Erfahrungen mit vertrauenswürdigen Menschen teilst, desto mehr erkennst du, dass du nicht allein bist – und dass die Schande, die du mit dir herumträgst, nicht deine eigene ist.

Ich habe von so vielen Menschen gehört, die das Gefühl hatten, ihren Verrat geheim halten zu müssen, als ob es sie irgendwie schwach machen würde, darüber zu sprechen. Aber die Wahrheit ist, dass es Mut erfordert, seinen Schmerz zu teilen. Und je mehr du darüber sprichst, desto weniger Macht hat die Scham über dich.

23

Wenn dein Herz und dein Kopf nicht übereinstimmen

Ein weiterer psychologischer Effekt von Verrat ist die kognitive Dissonanz – das unangenehme Gefühl, wenn sich Herz und Kopf an zwei verschiedenen Orten befinden. Du weißt, wovon ich spreche: Dein Kopf sagt dir eine Sache ("Sie verletzen mich, ich kann ihnen nicht vertrauen, ich sollte gehen"), aber dein Herz zieht dich in die entgegengesetzte Richtung ("Aber ich liebe sie, vielleicht haben sie es nicht so gemeint, vielleicht können wir das wieder in Ordnung bringen").

Dieses Tauziehen zwischen deinen Emotionen und deiner Logik kann anstrengend sein. Es ist, als würde man in zwei Welten gleichzeitig leben. Auf der einen Seite weißt du, was passiert ist und wie sehr es weh getan hat, aber auf der anderen Seite kannst du die Liebe, die du für diese Person empfunden hast (oder immer noch fühlst), nicht loslassen. Kognitive Dissonanz macht es schwer, Entscheidungen zu treffen, denn egal wofür du dich entscheidest, ein Teil von dir wird sich in einem Konflikt fühlen.

Der beste Rat, den ich hier geben kann, ist, Geduld mit sich selbst zu haben. Es ist in Ordnung, beides gleichzeitig zu fühlen. Du kannst von jemandem verletzt werden und ihn trotzdem lieben. Du kannst weitermachen wollen und sie trotzdem vermissen. Emotionen sind kompliziert, und Verrat macht sie noch komplizierter. Sie müssen nicht sofort alle Antworten haben, und Sie müssen keine

24

überstürzten Entscheidungen treffen. Lass dich fühlen, was du fühlen musst, und mit der Zeit wird der richtige Weg klarer.

Heilung von innen nach außen

Die psychologischen Auswirkungen von Verrat verschwinden nicht über Nacht, aber sie werden mit der Zeit und Mühe besser. Heilung bedeutet nicht nur, über das Geschehene hinwegzukommen – es bedeutet, sich mit der Art und Weise auseinanderzusetzen, wie der Verrat deinen Verstand, dein Herz und dein Selbstwertgefühl beeinflusst hat. Und das beginnt mit Bewusstsein.

Je mehr du verstehst, wie sich Verrat auf dich ausgewirkt hat, desto mehr Schritte zur Heilung kannst du unternehmen. Egal, ob das eine Therapie, Tagebuchschreiben, Meditation oder einfach nur ein Gespräch mit jemandem bedeutet, der es versteht, das Wichtigste ist, kleine, konsequente Schritte zu unternehmen, um Ihr geistiges und emotionales Wohlbefinden zurückzugewinnen.

Ich weiß, dass es schwer ist, und ich weiß, dass es sich unfair anfühlt, dass man die Arbeit leisten muss, um von den Handlungen anderer zu heilen. Aber ich verspreche Ihnen, die Arbeit lohnt sich. Die Person, die auf der anderen Seite der Sache hervorgeht – stärker, weiser und selbstbewusster – ist jedes Gramm Mühe wert, das du investierst.

Verrat mag dich niedergeschlagen haben, aber er muss dich nicht definieren. Du bist fähig zu heilen, wieder aufzubauen und wieder Freude zu finden. Und auch wenn sich dieses Kapitel deines Lebens im Moment überwältigend anfühlen mag, ist es genau das – ein Kapitel. Es ist nicht die ganze Geschichte.

Kapitel 3

Die komplexen Schichten des Vertrauens

Vertrauen ist die Grundlage jeder sinnvollen Beziehung. Es ist der unsichtbare Faden, der zwei Menschen miteinander verbindet und es ihnen ermöglicht, sich sicher, verbunden und verletzlich miteinander zu fühlen. Ohne Vertrauen können sich Beziehungen hohl, distanziert und voller Unsicherheit anfühlen. Aber Vertrauen, so mächtig es auch ist, ist auch zerbrechlich — es braucht Zeit, um es aufzubauen, aber es kann im Handumdrehen gebrochen werden.

Ich erinnere mich an das erste Mal, als ich die Tiefe des Vertrauens in Beziehungen wirklich verstand. Es waren nicht die großen Gesten oder die großen Versprechungen, sondern die alltäglichen Momente — das unausgesprochene Verständnis, der Trost zu wissen, dass die andere Person dir den Rücken freihält, das Gefühl der

Sicherheit, ganz du selbst zu sein. Wenn Vertrauen vorhanden war, fühlte sich die Beziehung solide an, als könnte nichts sie erschüttern. Aber als dieses Vertrauen erodierte, begann alles andere zu bröckeln.

In diesem Kapitel werden wir die Schichten des Vertrauens entschlüsseln, wie es das Rückgrat tiefer, intimer Verbindungen bildet und was passiert, wenn es verraten wird. Wir werden auch über die schwierige Wahl zwischen dem Wiederaufbau von Vertrauen oder dem Weitermachen und die Heilung sprechen, die beide Wege erfordern. Und zum Schluss werde ich Ihnen einige praktische Übungen vorstellen, die Ihnen helfen, Ihr Vertrauen in Zukunft zu schützen.

Vertrauen in Beziehungen

Vertrauen wird nicht auf dem Silbertablett serviert – es wird verdient, gepflegt und im Laufe der Zeit gestärkt. Wenn wir jemandem vertrauen, sagen wir im Wesentlichen: "Ich glaube, dass du mich nicht absichtlich verletzen wirst. Ich glaube, dass du dein Wort halten und unsere Bindung respektieren wirst."

In gesunden Beziehungen wird Vertrauen durch Beständigkeit und Zuverlässigkeit aufgebaut. Es liegt in den kleinen Handlungen: sich zu zeigen, wenn man es sagt, zuzuhören, ohne zu urteilen, und füreinander da zu sein, nicht nur in guten Zeiten, sondern auch, wenn es schwierig wird. Diese Art von Vertrauen schafft ein tiefes

Gefühl der Intimität, die Art, in der man sich gesehen, gehört und geschätzt fühlt.

Ich hatte zum Beispiel einmal einen Freund, der mir etwas sehr Persönliches anvertraute. Im Laufe der Zeit, als wir uns weiterhin gegenseitig austauschten und unterstützten, wurde mir klar, dass unser Vertrauen bis zu dem Punkt gewachsen war, an dem ich nie in Frage stellte, ob sie für mich da sein würde. Das ist die Macht des Vertrauens – es schafft Sicherheitsebenen, die es ermöglichen, dass eine Beziehung gedeiht.

Aber hier ist die Sache mit dem Vertrauen: Es geht nicht nur darum, dass die andere Person ihre Versprechen hält. Es geht auch darum, sich sicher zu fühlen, verletzlich zu sein. Vertrauen ermöglicht es uns, unsere Mauern niederzulassen und jemand anderen hereinzulassen. Wenn wir uns sicher genug fühlen, verletzlich zu sein, können wir uns auf einer tieferen Ebene verbinden, und das ist es, worin wahre Intimität liegt.

Wie Vertrauen untergraben wird

Vertrauen wird zwar nur langsam aufgebaut, kann aber schnell gebrochen werden. Verrat geschieht nicht immer in einem dramatischen, einzigen Moment. Oft ist es eine allmähliche Erosion, wie Wasser, das einen Stein abträgt. Die roten Fahnen, die Lügen, die emotionale Manipulation – sie nagen an dem Vertrauen, das du einst hattest, manchmal so subtil, dass du nicht einmal merkst, dass es passiert, bis es zu spät ist.

Ich habe das in Beziehungen gesehen, in denen ein Partner anfängt, sich emotional zurückzuziehen oder geheimnisvoll wird. Auf den ersten Blick scheint es nichts Großes zu sein – vielleicht sagen sie Pläne häufiger ab oder werden ausweichend, wenn Sie einfache Fragen stellen. Aber mit der Zeit summieren sich diese kleinen Verhaltensweisen, und bevor man sich versieht, stellt man alles in Frage. Was einst ein solides Fundament war, gerät ins Wanken.

Eine der häufigsten Arten, wie Vertrauen untergraben wird, ist Unehrlichkeit – sei es durch offenes Lügen oder Verschweigen der Wahrheit. Lügen, auch kleine, verursachen Risse in der Beziehung. Sie lassen dich hinterfragen, was real ist und was nicht. Emotionale Manipulation ist ein weiteres Warnsignal, das zunächst oft unbemerkt bleibt. Manipulation kann dazu führen, dass du das Gefühl hast, dass du das Problem bist, dass du überreagierst oder zu empfindlich bist, während dein Bauchgefühl in Wirklichkeit versucht, dir zu sagen, dass etwas nicht stimmt.

Ich erinnere mich, dass ich in einer meiner früheren Beziehungen diese Warnsignale bemerkte – kleine Lügen, Ungereimtheiten in Geschichten – aber ich wischte sie beiseite, weil ich das Beste glauben wollte. Schließlich kam die Wahrheit ans Licht, und der Verrat fühlte sich noch schmerzhafter an, weil ich die Zeichen ignoriert hatte. Im

Nachhinein wurde mir klar, dass die Erosion des Vertrauens schon lange vor dem eigentlichen Verrat begonnen hatte.

Bleiben oder weiterziehen

Sobald das Vertrauen gebrochen ist, stehen Sie vor einer schwierigen Entscheidung: Versuchen Sie, es wieder aufzubauen, oder ziehen Sie weiter? Keine der beiden Entscheidungen ist einfach, und beide erfordern eine andere Art der Heilung.

Der Wiederaufbau von Vertrauen erfordert Zeit, Geduld und viel Mühe von beiden Seiten. Es ist nichts, was man überstürzen kann. Wenn Sie sich für einen Wiederaufbau entscheiden, ist es wichtig, dass sowohl Sie als auch Ihr Partner sich voll und ganz auf den Prozess einlassen. Das bedeutet offene, ehrliche Kommunikation, Transparenz und die Bereitschaft, sich den unbequemen Wahrheiten zu stellen, die überhaupt erst zum Verrat geführt haben.

Meiner Erfahrung nach liegt der Schlüssel zur Wiederherstellung von Vertrauen in der Verantwortlichkeit. Die Person, die das Vertrauen gebrochen hat, muss die volle Verantwortung für ihre Handlungen übernehmen, ohne Ausreden zu suchen oder die Schuld abzuwälzen. Sie müssen durch ihre Taten — nicht nur durch ihre Worte — zeigen, dass sie sich für Veränderungen einsetzen. Der Heilungsprozess ist allmählich, aber mit der Zeit und konsequenter gemeinsamer Anstrengung können Sie vielleicht dorthin zurückkehren, wo Sie einmal waren.

Allerdings ist nicht jede Beziehung es wert, wieder aufgebaut zu werden. Manchmal ist es die gesündere Option, weiterzumachen. Wenn der Verrat schwerwiegend war oder wenn die andere Person nicht bereit ist, Verantwortung zu übernehmen oder Wiedergutmachung zu leisten, dann könnte es die beste Wahl für dein emotionales Wohlbefinden sein, wegzugehen. Loslassen ist kein Zeichen dafür, dass du sie nicht genug geliebt hast, um dich mehr anzustrengen. Es bedeutet einfach, dass du dich dafür entscheidest, dich selbst und deine Heilung zu priorisieren. Ihr müsst wissen, dass, da sie sich entschieden haben, euch zu verraten, ihr auch die Wahl habt, euch selbst über sie zu stellen.

Beide Wege – Wiederaufbau oder Weitermachen – erfordern eine andere Art der Heilung. Wenn du dich wieder aufbaust, musst du dich darauf konzentrieren, das Vertrauen in die andere Person und die Beziehung zurückzugewinnen. Wenn du weitermachst, musst du daran arbeiten, das Vertrauen in dich selbst wiederherzustellen. In jedem Fall braucht Heilung Zeit, und es ist wichtig, während dieses Prozesses sanft zu sich selbst zu sein.

Übung: Grenzen und Selbstmitgefühl

Unabhängig davon, ob Sie sich für einen Wiederaufbau oder einen Weitergang entscheiden, ist es entscheidend, Ihr Vertrauen in Zukunft zu schützen. Eine der besten Möglichkeiten, dies zu tun, besteht darin, klare Grenzen zu setzen. Grenzen sind wichtig, um sich selbst, Ihr emotionales Wohlbefinden und Ihre Beziehungen zu schützen. Sie helfen Ihnen zu definieren, was akzeptabel ist und was nicht, und stellen sicher, dass Sie nicht zulassen, dass andere Grenzen überschreiten, die Ihr Gefühl von Sicherheit und Vertrauen beeinträchtigen.

Hier ist eine einfache Übung, die Ihnen hilft, Ihre Grenzen zu erkennen:

1. **Denke über vergangene Beziehungen nach:** Denke an Momente, in denen du dich verletzt, nicht respektiert oder betrogen gefühlt hast. Welche Verhaltensweisen haben zu diesen Gefühlen geführt? Nutzen Sie diese Erkenntnisse, um die Grenzen zu definieren, die Sie in zukünftigen Beziehungen benötigen.

2. **Schreiben Sie sie auf:** Sobald Sie Ihre Grenzen identifiziert haben, schreiben Sie sie auf. Dies wird dazu beitragen, sie in deinem Kopf zu festigen und dich daran zu erinnern, was dir wichtig ist.

3. **Kommunizieren Sie sie klar:** Grenzen sind nur dann wirksam, wenn sie kommuniziert werden. Egal, ob Sie Vertrauen wiederherstellen oder mit jemand Neuem neu anfangen, stellen Sie sicher, dass Sie Ihre Grenzen offen und durchsetzungsfähig ausdrücken.

Eine weitere Schlüsselkomponente zum Schutz des Vertrauens ist das Üben *von Selbstmitgefühl.* Nach einem Verrat ist es leicht, hart zu sich selbst zu sein, besonders wenn du das Gefühl hast, dass du die Zeichen verpasst hast oder den Verrat hätte kommen sehen müssen. Aber Heilung erfordert Freundlichkeit, keine Selbstkritik.

Hier ist eine Übung zum Selbstmitgefühl, die du ausprobieren kannst:

1. **Erkenne deine Gefühle an:** Wenn Gefühle des Zweifels oder der Selbstvorwürfe aufkommen, halte inne und erkenne sie an, ohne sie zu verurteilen. Du darfst dich verletzt, verwirrt und wütend fühlen.

2. **Sprich mit dir selbst wie mit einem Freund:** Stell dir vor, dass ein enger Freund die gleiche Erfahrung gemacht hat. Was würdest du sagen, um sie zu trösten? Biete dir jetzt die gleiche Freundlichkeit und das gleiche Verständnis an.

3. **Üben Sie tägliche Affirmationen:** Erinnern Sie sich daran, dass Sie Liebe, Respekt und Vertrauen verdienen. Sagen Sie es laut, wenn es sein muss: "Ich verdiene es, mit Ehrlichkeit und Fürsorge behandelt zu werden." Das Wiederholen dieser Affirmationen kann helfen, Ihren Geist neu zu verdrahten und Ihr Selbstwertgefühl zu stärken.

Vertrauen ist einer der schönsten Aspekte jeder Beziehung, aber auch einer der heikelsten. Wenn es gepflegt wird, kann es Ihre Verbindungen auf eine Weise vertiefen, die Sie nie für möglich gehalten hätten. Aber wenn es kaputt ist, kann es bleibende Narben hinterlassen. Der Schlüssel, um voranzukommen – egal ob du dich entscheidest zu bleiben oder loszulassen – besteht darin, dich daran zu erinnern, dass es bei Vertrauen nicht nur um die andere Person geht. Es geht um dich, deine Grenzen und deine Fähigkeit, dir selbst wieder zu vertrauen.

Du hast die Macht, dein Herz zu schützen, die Bedingungen festzulegen, wie du behandelt werden möchtest, und das Vertrauen in dich selbst wiederherzustellen. Und das, mein Freund, ist ein Geschenk, das dir niemand nehmen kann.

Kapitel 4

Die physischen und psychischen Auswirkungen eines Verratstraumas

In diesem Kapitel werden wir diskutieren, wie sich ein Verratstrauma sowohl auf unseren Geist als auch auf unseren Körper auswirkt. Von den körperlichen Symptomen wie Stress und Angst bis hin zu den tieferen, komplexeren Traumareaktionen kann sich Verrat auf eine Weise manifestieren, die über den unmittelbaren Schmerz hinausgeht. Ich werde auch einige praktische, heilende Übungen teilen, die Ihnen helfen, das Gleichgewicht und die Ruhe in Ihrem Leben wiederherzustellen, während Sie durch diese schwierige Reise navigieren.

Verrat und der Körper

Du verbindest Verrat vielleicht nicht sofort mit körperlichen Symptomen, aber Körper und Geist sind tief miteinander verflochten. Wenn wir betrogen werden, bleiben der Stress und die emotionalen Umwälzungen nicht isoliert in unseren Köpfen – sie wirken sich oft auf unsere körperliche Gesundheit aus. Vor allem Stress ist dabei ein wesentlicher Faktor. Es ist nicht nur ein flüchtiges Gefühl des Unbehagens – es wird zu einem ständigen Zustand, der verheerende Auswirkungen auf unseren Körper haben kann.

Ich hatte Klienten, die zu mir kamen, nachdem sie Verrat erlebt hatten und sich durch die plötzlichen Veränderungen ihrer körperlichen Gesundheit verwirrt fühlten. Sie erwähnten Dinge wie unerklärliche Kopfschmerzen, chronische Müdigkeit oder Muskelverspannungen, die anscheinend alle nach dem Verrat begannen. Eine Klientin erzählte mir, dass sie seit der Untreue ihres Partners seit Monaten nicht mehr durchgeschlafen hatte. Ein anderer erwähnte, dass sie Verdauungsprobleme entwickelten, die es fast unmöglich machten, richtig zu essen.

Hier ist der Grund, warum das passiert: Wenn du Verrat erlebst, gerät dein Körper in einen Zustand erhöhter Belastung. Das Gehirn nimmt dieses emotionale Trauma als Bedrohung wahr und löst die Ausschüttung von Stresshormonen wie Cortisol und Adrenalin aus. Diese Hormone sind zwar in kurzen Schüben hilfreich, können aber erheblichen Schaden anrichten, wenn sie den Körper über längere Zeiträume überfluten.

Häufige körperliche Symptome eines Verratstraumas können sein:

- **Schlafstörungen:** Hin- und Herwälzen oder mitten in der Nacht mit rasenden Gedanken aufwachen.

- **Verdauungsprobleme:** Der Darm reagiert sehr empfindlich auf Stress, so dass Verrat Übelkeit, Appetitlosigkeit oder sogar Magenschmerzen verursachen kann.

- **Muskelverspannungen:** Vor allem im Nacken, in den Schultern und im Rücken. Es kann sein, dass du deinen Kiefer zusammenbeißt oder dich am ganzen Körper steif fühlst.

- **Kopfschmerzen und Migräne:** Ein häufiges Nebenprodukt von emotionalem Stress.

- **Müdigkeit:** Verrat fordert einen enormen Tribut von deinem Energielevel und lässt dich auch nach dem Ausruhen erschöpft fühlen.

Ich erinnere mich, nachdem ich meinen Ex wegen des ganzen Fremdgehens verlassen hatte, an das anhaltende Engegefühl in meiner Brust, fast so, als könnte ich nicht mehr zu Atem kommen. Mein Schlaf litt darunter, und ich wachte oft müder auf als beim Schlafengehen. Ich dachte, ich würde die Situation mental "bewältigen", aber mein Körper sagte mir eindeutig etwas anderes.

Die Reaktion des Körpers auf Verrat ist eine Erinnerung daran, dass Heilung nicht nur eine emotionale Reise ist, sondern auch eine körperliche.

Die Trauma-Reaktion: Kampf, Flucht, Erstarren und Rehkitz

Wenn Verrat zuschlägt, reagiert unser Körper oft, als stünden wir vor einer lebensbedrohlichen Gefahr. Hier kommt die Traumareaktion ins Spiel. Wenn wir uns emotional oder körperlich unsicher fühlen, löst unser Gehirn eine von vier Überlebensreaktionen aus: Kampf, Flucht, Erstarren oder Rehkitz. Diese Reaktionen sind tief in unserem Nervensystem verwurzelt und passieren oft automatisch, ohne dass wir es überhaupt merken.

- **Kampf:** In der Kampfreaktion reagieren wir auf Verrat mit Wut, Frustration und dem Wunsch, die Person zu konfrontieren, die uns verletzt hat. Dies kann wie explosive Auseinandersetzungen, die

Weigerung, einen Rückzieher zu machen, oder
sogar ein Ausweichen aussehen. Es ist ein
instinktiver Weg, um uns vor weiterem Schaden zu
schützen.

- **Flucht:** Die Fluchtreaktion beinhaltet oft, dass wir
  uns von der Situation oder der Person, die uns
  betrogen hat, distanzieren. Vielleicht vermeiden
  wir Konfrontationen ganz, verlassen die
  Beziehung oder ziehen uns emotional zurück. Vor
  dem Schmerz wegzulaufen, entweder körperlich
  oder geistig, kann sich wie der einzige Weg
  anfühlen, um zu entkommen.

- **Erstarren:** Die Erstarrungsreaktion ist, wenn wir
  uns durch den Verrat gelähmt fühlen und unsicher
  sind, wie wir weitermachen oder reagieren sollen.
  Dies kann zu Gefühlen der Taubheit, des Schocks
  oder der Dissoziation führen, bei denen wir mental
  "auschecken", weil sich die Situation zu
  überwältigend anfühlt.

- **Rehkitz:** Die Rehkitzreaktion besteht darin, die
  Person, die uns verletzt hat, zu besänftigen und zu
  versuchen, die Dinge zu glätten, um Konflikte zu
  vermeiden. Es ist eine Möglichkeit, den Frieden zu

wahren, indem wir unsere eigenen Bedürfnisse und Gefühle herunterspielen, in der Hoffnung, durch übermäßiges Entgegenkommen noch mehr Verletzungen zu vermeiden.

Ich habe einmal erlebt, wie nach einem Verrat die Erstarrungsreaktion einsetzte. Ich stand unter Schock und war nicht in der Lage, die Emotionen vollständig zu verarbeiten. Ich ertappte mich dabei, wie ich auf mein Telefon starrte, unfähig zu antworten oder mich auch nur zu bewegen, einfach taub für alles um mich herum. Wenn ich zurückblicke, stelle ich fest, dass mein Gehirn versucht hat, mich vor der überwältigenden Flut von Emotionen zu schützen.

Jede dieser Reaktionen dient einem Zweck – sie sind Überlebensmechanismen, die uns helfen, mit den unmittelbaren Auswirkungen des Verrats fertig zu werden. Aber während sie kurzfristig nützlich sein können, können sie uns auch in ungesunden Mustern festhalten, wenn wir sie nicht angehen.

Langzeitwirkungen

Einer der schwierigsten Teile eines Verratstraumas ist, dass es oft nicht mit dem Verrat selbst endet. Die emotionalen Narben, die hinterlassen werden, können monate- oder sogar jahrelang bestehen bleiben und Ihr

Selbstwertgefühl, Ihre Fähigkeit, anderen zu vertrauen, und Ihr allgemeines emotionales Wohlbefinden beeinträchtigen.

Zu den langfristigen Auswirkungen eines Verratstraumas gehören:

- **Emotionale Narben:** Verrat hinterlässt tiefe emotionale Wunden. Vielleicht ertappst du dich dabei, wie du die Ereignisse in deinem Kopf durchspielst, dich fragst, was schief gelaufen ist, und den Schmerz immer wieder spürst. Das emotionale Gewicht des Verrats kann es schwierig machen, vollständig weiterzumachen, selbst wenn die Zeit vergangen ist.

- **Verlust des Selbstwertgefühls:** Verrat kann dazu führen, dass du deinen eigenen Wert in Frage stellst. Du fragst dich vielleicht: "Warum war ich nicht genug?" oder "Wie konnten sie mir das antun?" Diese Gedanken können dein Selbstwertgefühl untergraben und zu Gefühlen der Unzulänglichkeit oder Selbstzweifeln führen.

- **Vertrauensprobleme:** Nach einem Verrat wird es unglaublich schwierig, anderen zu vertrauen. Du könntest anfangen, nicht nur an den Menschen um dich herum zu zweifeln, sondern auch an deiner Fähigkeit, den Charakter zu beurteilen oder gesunde Beziehungen zu pflegen. Vertrauensprobleme können in neue Beziehungen eindringen und dazu führen, dass du Menschen auf Distanz hältst, aus Angst, wieder verletzt zu werden.

Ich habe mit vielen Menschen gearbeitet, die nach dem Verrat Schwierigkeiten hatten, ihr Vertrauen wieder aufzubauen, und der rote Faden in ihren Geschichten ist dieses anhaltende Gefühl des Zweifels – nicht nur an anderen, sondern auch an sich selbst. Sie fragen sich oft, ob sie jemals wieder vertrauen können oder ob sie diesen Schmerz immer mit sich tragen werden.

Aber Heilung ist möglich, auch wenn es Zeit braucht. Der erste Schritt besteht darin, anzuerkennen, dass diese Langzeitwirkungen normale Reaktionen auf eine tiefe Wunde sind. Verrat tut weh, weil er wichtig ist – er erschüttert das Fundament des Vertrauens, auf dem Beziehungen aufgebaut sind.

Übungen zur Heilung von Körper und Geist

Obwohl die Auswirkungen eines Verratstraumas erheblich sind, gibt es Möglichkeiten, sowohl deinen Geist als auch deinen Körper zu heilen. Geist-Körper-Übungen helfen dir, dich wieder mit dir selbst zu verbinden, Stress abzubauen und die Traumareaktion zu beruhigen.

Hier sind einige Übungen, die Sie ausprobieren können:

1. **Atemtechniken:** Die Atmung ist eines der einfachsten, aber mächtigsten Werkzeuge zur Beruhigung des Nervensystems. Wenn du dich von Emotionen oder Stress überwältigt fühlst, probiere diese Erdungstechnik aus:

   o **4-7-8 Atmung:** Atmen Sie 4 Sekunden lang durch die Nase ein, halten Sie den Atem 7 Sekunden lang an und atmen Sie 8 Sekunden lang langsam durch den Mund aus. Wiederholen Sie diesen Zyklus 4-5 Mal. Diese Technik hilft, Ihr parasympathisches Nervensystem zu aktivieren, das für die "Ruhe- und Verdauungsreaktion" des Körpers verantwortlich ist, Angstzustände reduziert und den Geist beruhigt.

2. **Somatische Übungen:** Verrat kann unverarbeitete Emotionen im Körper gefangen lassen und Spannungen und Unbehagen erzeugen. Somatische Übungen helfen, diese Emotionen

freizusetzen, indem sie sich mit den körperlichen Empfindungen Ihres Körpers verbinden:

- **Body Scan Meditation:** Finde einen ruhigen Ort und schließe die Augen. Nimm dir einen Moment Zeit, um jeden Teil deines Körpers zu scannen und dabei auf die Teile zu achten, an denen du Spannungen spürst. Atme in diese Bereiche hinein und stelle dir vor, wie sich die Spannung mit jedem Ausatmen löst. Diese einfache Übung kann Ihnen helfen, sich bewusster zu werden, wo Stress in Ihrem Körper gespeichert ist, und die Entspannung fördern.

3. **Achtsamkeitsübungen:** Achtsamkeit hilft dir, im Moment präsent zu bleiben, anstatt dich in Gedanken an die Vergangenheit oder Ängsten vor der Zukunft zu verlieren. Dies ist besonders hilfreich, wenn du mit einem Verratstrauma umgehst, da es dir ermöglicht, dich auf das Hier und Jetzt zu konzentrieren.

- **5-4-3-2-1 Erdungsübung:** Wenn du dich überfordert fühlst, probiere diese einfache Erdungstechnik aus:

- Identifiziere **5** Dinge, die du um dich herum sehen kannst.
- Nenne **4** Dinge, die du anfassen kannst.
- Nenne **3** Dinge, die du hören kannst.
- Nenne **2** Dinge, die du riechen kannst.
- Nenne **1** Sache, die du schmecken kannst. Diese Übung hilft dir, deine Aufmerksamkeit wieder auf den gegenwärtigen Moment zu lenken, dich in deiner Umgebung zu erden und deinen Geist zu beruhigen.

Heilung ist ein Prozess, der Zeit, Geduld und Mitgefühl erfordert – sowohl für dich selbst als auch für die Reise, auf der du dich befindest. Die physischen und psychischen Auswirkungen eines Verratstraumas können überwältigend sein, aber indem du diese Auswirkungen anerkennst und Schritte zur Heilung unternimmst, machst du bereits Fortschritte.

Bitte beachte, dass du deine Heilung nicht überstürzen musst. Es ist völlig in Ordnung, kleine Schritte zu machen. Das Wichtigste ist, freundlich zu sich selbst zu sein und auf seinen Körper zu hören.

Kapitel 5

Die emotionalen Folgen umgehen

Die emotionalen Auswirkungen von Verrat zu bewältigen, kann einer der schwierigsten Teile des Heilungsprozesses sein. Es geht nicht nur darum, mit dem Schmerz des Ereignisses selbst umzugehen, sondern auch mit den komplexen Emotionen, die darauf folgen, wie Selbstvorwürfe, Scham und die Notwendigkeit, das Selbstwertgefühl wiederherzustellen.

In diesem Kapitel besprechen wir, wie Sie sich in diesen emotionalen Schichten zurechtfinden, Schuldgefühle entwirren und Ihr Selbstbewusstsein zurückgewinnen können. Verrat kann dein Selbstvertrauen und dein Gefühl der Sicherheit nehmen, aber es gibt Wege, deinen Weg zurück zu finden. Gemeinsam schauen wir uns an, wie wir uns von der emotionalen Last befreien können, die der Verrat hinterlässt, und beginnen, deine innere Stärke wieder aufzubauen.

Gefühle der Selbstvorwürfe

Es ist unglaublich üblich, dass Menschen, die betrogen wurden, sich selbst in Frage stellen und sich fragen, was sie hätten anders machen können, um den Schmerz zu verhindern. "Was habe ich verpasst?" "War ich zu naiv?" "Habe ich sie nicht genug geliebt?" Das sind die Art von Fragen, die in deinem Kopf verweilen, nachdem du betrogen wurdest.

Ich kenne dieses Gefühl nur zu gut. Als ich in meinem eigenen Leben Verrat erlebte, war meine erste Reaktion, jedes kleine Detail der Beziehung zu sezieren und herauszufinden, was ich falsch gemacht haben könnte. Ich fragte mich, ob ich zu vertrauensvoll oder zu nachsichtig gewesen war. Aber hier ist die Wahrheit, die ich schließlich akzeptieren musste: Verrat sagt viel mehr über den Verräter aus als über den Betrogenen.

Selbstvorwürfe sind ein natürlicher Bewältigungsmechanismus. Wie ich bereits sagte, versucht dein Verstand, etwas zu verstehen, das sich sinnlos anfühlt. Aber es ist wichtig zu erkennen, dass *du nicht für den Verrat eines anderen verantwortlich bist.* Selbst wenn es Herausforderungen in der Beziehung gab, liegt die Entscheidung, zu täuschen, zu lügen oder zu verletzen, allein bei ihnen. Es ist leicht, in einen Kreislauf des "Wenn-nur"-Denkens zu rutschen, aber das kann dich im Schmerz gefangen halten.

Anstatt dich zu fragen, was du falsch gemacht hast, solltest du anfangen, das Narrativ zu verändern: "Was haben sie falsch gemacht?" "Welche Grenzen haben sie überschritten?" Indem du die Verantwortung dorthin legst, wo sie hingehört – auf die Person, die dich betrogen hat – beginnst du, die Last der Selbstvorwürfe von deinen Schultern zu nehmen.

Scham und Verletzlichkeit

Neben Selbstvorwürfen bringt Verrat oft ein starkes Schamgefühl mit sich. Vielleicht schämst du dich, dass du es nicht kommen sahst, oder schämst dich für die Verletzlichkeit, die du jemandem gezeigt hast, der es ausgenutzt hat. Scham hat eine hinterhältige Art, uns das Gefühl zu geben, klein zu sein, als ob unser Wert geschmälert wurde, weil jemand unser Vertrauen missbraucht hat.

Scham und Verletzlichkeit gehen Hand in Hand, denn Verrat entblößt unser verletzlichstes Selbst. Wenn wir jemandem vertrauen, öffnen wir uns auf eine Weise, wie wir es nicht mit jedem anderen tun. Und wenn diese Person dein Vertrauen bricht, kann das dir das Gefühl geben, dass du in irgendeiner Weise versagt hast. Du könntest dich sogar isolieren, aus Angst, dass andere dich als "schwach" oder "naiv" verurteilen.

Aber hier ist, was ich über Scham gelernt habe: Sie gedeiht im Verborgenen. Je mehr wir sie verbergen, desto mächtiger wird sie. Sich von der Scham zu befreien beginnt damit, anzuerkennen, dass sie da ist, und zu erkennen, dass Verrat nichts ist, wofür *man* sich schämen sollte. Die Schande gehört der Person, die dein Vertrauen missbraucht hat – nicht dir. Denken Sie daran, dass die Fähigkeit, verletzlich zu sein, eine Stärke ist, keine Schwäche. Es bedeutet, dass du mutig genug warst, dein Herz zu öffnen.

Es kann hilfreich sein, mit Menschen, die sich um dich kümmern, über deine Erfahrungen zu sprechen, sei es ein vertrauenswürdiger Freund, ein Therapeut oder eine Selbsthilfegruppe. Wenn du deine Geschichte an einem sicheren Ort teilst, kannst du die Scham aus dem Schatten nehmen und ihren Griff auf dich loslassen.

Wie du anfängst, dein Selbstwertgefühl wieder aufzubauen

Nach einem Verrat ist eines der schwierigsten Dinge, die du wiedererlangen kannst, dein Selbstwertgefühl. Diese Erfahrung kann dazu führen, dass du dich der Liebe, des Respekts und sogar der grundlegenden Freundlichkeit unwürdig fühlst. Aber es ist wichtig, sich daran zu erinnern, dass dein Wert nicht davon abhängt, wie jemand anderes dich behandelt hat – er ist ein wesentlicher Bestandteil dessen, wer du bist.

Der Wiederaufbau deines Selbstwertgefühls ist ein schrittweiser Prozess, aber er beginnt damit, deine persönliche Kraft zurückzugewinnen und deine Stimme wiederzufinden. Sie können damit beginnen, indem Sie die folgenden Schritte ausführen:

1. **Erkenne den Schmerz an, aber lass dich nicht davon definieren:** Es ist in Ordnung, den Schmerz des Verrats zu fühlen. Tatsächlich ist es notwendig, es anzuerkennen, damit du heilen kannst. Aber lassen Sie nicht zu, dass es Ihre Identität definiert. Es gibt mehr in dir als diesen Verrat, mit dem du es zu tun hast. Die Person, die dich verletzt hat, darf deinen Wert nicht bestimmen. Nimm dir Zeit zum Trauern, aber erinnere dich auch daran, dass diese Erfahrung, so schmerzhaft sie auch ist, deinen Wert nicht schmälert.

2. **Setzen Sie Grenzen und halten Sie sich daran:** Grenzen sind wichtig, um Ihr Selbstwertgefühl wieder aufzubauen. Sie dienen als Erinnerung an dich selbst und andere daran, was du verdienst und was du nicht mehr tolerieren wirst. Wenn du klare Grenzen zu Menschen setzt – vor allem zu denen, die dich betrogen haben – hilft das, dein emotionales Wohlbefinden in Zukunft zu schützen. Und noch wichtiger ist, dass das Festhalten an diesen Grenzen eine starke Botschaft aussendet: "Ich bin es wert, geschützt zu werden."

3. **Hole dir deine Stimme zurück:** Verrat lässt uns oft zum Schweigen bringen, als ob unsere Gefühle und Bedürfnisse keine Rolle spielen. Aber deine Stimme ist wichtig. Ein Teil der Wiedererlangung deines Selbstwertgefühls besteht darin, deine Fähigkeit wiederzuentdecken, für dich selbst einzustehen. Das kann bedeuten, schwierige Gespräche zu führen oder einfach auszudrücken, wie du dich fühlst, ohne Angst vor Verurteilung zu haben. Deine Stimme ist deine Macht, und sie verdient es, gehört zu werden.

4. **Umgeben Sie sich mit Unterstützung:** Heilung geschieht nicht in Isolation. Es ist wichtig, sich mit Menschen zu umgeben, die einen aufrichten und an seinen Wert erinnern. Egal, ob es sich um Familie, Freunde oder einen Therapeuten handelt, verlassen Sie sich auf diejenigen, die Ihre Heilungsreise unterstützen. Manchmal, wenn du deinen eigenen Wert nicht sehen kannst, hilft es, wenn andere ihn dir zurückspiegeln.

5. **Feiern Sie kleine Erfolge:** Der Wiederaufbau des Selbstwertgefühls ist keine schnelle Lösung, aber jeder kleine Schritt, den Sie in Richtung Selbstakzeptanz unternehmen, ist ein Sieg. Feiern Sie die Momente, in denen Sie eine Grenze setzen, Selbstmitgefühl üben oder einfach einen schwierigen Tag überstehen. Jeder Gewinn ist eine Erinnerung daran, dass Sie voranschreiten und

dass Sie es verdienen, Ihre Fortschritte anzuerkennen.

Praktische Übungen: Tägliche Affirmationen und Selbstmitgefühl

Um dein Selbstwertgefühl wieder aufzubauen und Selbstmitgefühl zu fördern, kann die Integration täglicher Übungen in deine Routine einen erheblichen Unterschied machen. Diese Übungen mögen klein erscheinen, aber sie können im Laufe der Zeit eine starke Veränderung in der Art und Weise bewirken, wie du dich selbst siehst.

1. **Tägliche Affirmationen:** Affirmationen sind positive Aussagen, die helfen, negative Denkmuster neu zu verdrahten. Sie wirken, indem sie Glaubenssätze verstärken, die sich im Moment vielleicht nicht wahr anfühlen, aber im Laufe der Zeit dazu beitragen, die Art und Weise, wie du dich selbst siehst, neu zu formen.

Versuchen Sie, diese Affirmationen täglich zu schreiben oder zu sprechen:

   - "Ich verdiene Respekt und Liebe."
   - "Mein Wert ist intrinsisch und hat nichts mit dem zu tun, was jemand anderes tut."
   - "Ich kann mich dafür entscheiden, nur die Dinge zu tun, die mein Herz schützen."

- o "Ich muss mich nicht anstrengen, das zu sein, was ich nicht bin, weil ich genug bin."
- o "Es gibt nichts, was mich daran hindert, in meinen Beziehungen mit Respekt und Freundlichkeit behandelt zu werden."

Es mag sich anfangs seltsam oder sogar unangenehm anfühlen, aber Konsistenz ist der Schlüssel. Mit der Zeit können diese Affirmationen beginnen, die negativen Selbstgespräche zu ersetzen, die oft mit Verrat einhergehen.

2. **Techniken des Selbstmitgefühls:** Selbstmitgefühl zu üben bedeutet, sich selbst mit der gleichen Freundlichkeit zu behandeln, die du einem Freund in Not entgegenbringen würdest. Es geht darum, sanft zu sich selbst zu sein, besonders in Momenten der Selbstzweifel oder des Schmerzes.

Hier sind ein paar Techniken, die Sie ausprobieren können:

- o **Pause des Selbstmitgefühls:** Wenn du dich von negativen Emotionen überwältigt fühlst, halte einen Moment inne und lege eine Hand auf dein Herz. Erkenne den Schmerz an, aber erinnere dich auch daran, dass du mit dieser Erfahrung nicht allein bist. Vielen Menschen ging es genauso, und du verdienst das gleiche Mitgefühl, das du auch jemand anderem entgegenbringen würdest.

- o **Schreibe dir selbst einen Brief:** Manchmal ist der beste Weg, deine Gefühle zu verarbeiten, sie aufzuschreiben. Versuche, einen Brief an dich selbst zu schreiben, in dem du Trost, Verständnis und Ermutigung anbietest. Erkenne den Schmerz an, aber erinnere dich auch an deine Stärke und Widerstandsfähigkeit.
- o **Achtsame Selbstgespräche:** Achte darauf, wie du den ganzen Tag über mit dir selbst sprichst. Wenn du negative oder selbstkritische Gedanken bemerkst, formuliere sie sanft neu. Wenn du dich dabei ertappst, dass du denkst: "Ich werde das nie überwinden", versuche, es umzuformulieren in: "Das ist schwer, aber ich heile Schritt für Schritt."

Die emotionalen Folgen eines Verrats können überwältigend sein, aber sie müssen dich nicht definieren. Du hast die Kraft zu heilen, dein Selbstwertgefühl wiederherzustellen und dein Selbstgefühl zurückzugewinnen. Es geht nicht darum, zu vergessen, was passiert ist, oder den Schmerz zu minimieren – es geht darum, sich darüber zu erheben.

Denke daran, Heilung ist eine Reise. Seien Sie geduldig mit sich selbst, feiern Sie Ihre Fortschritte und verlassen Sie sich auf die Unterstützung derer, die sich um Sie kümmern. Du bist mehr als der Verrat, den du erlebt hast. Du bist Liebe, Respekt und Freundlichkeit wert, und mit der Zeit wirst du deine Stärke wiederentdecken.

Indem du Selbstmitgefühl übst, Grenzen setzt und dein Selbstvertrauen wieder aufbaust, kannst du durch die emotionalen Folgen navigieren und gestärkt aus der Krise hervorgehen.

Kapitel 6

Trauer, Wut und Akzeptanz

Verrat bricht nicht nur dein Herz; Es zerstört das Leben, von dem du dachtest, dass du es mit jemandem aufbauen würdest. Eine der schwierigsten Wahrheiten, der man sich nach einem Verrat stellen muss, ist, dass man nicht nur um die Beziehung oder die Person trauert, die man zu kennen glaubte – sondern auch um den Verlust einer Zukunft, die nie eintreten wird. Die Träume, die du hattest, die Pläne, die du gemacht hast, das Leben, das du dir zusammen vorgestellt hast – all das ist weg. Die Trauer um den Verlust dessen, was hätte sein können, ist ein realer, oft übersehener Teil des Verratstraumas.

Und mit der Trauer setzt auch die Wut ein. Die Wut darüber, wie sich die Dinge entwickelt haben, die Ungerechtigkeit des Ganzen und der Schmerz, den du ertragen musstest. Wut kann überwältigend sein, und wenn du nicht aufpasst, kann sie die Oberhand gewinnen. Doch irgendwann müssen die Trauer und der Ärger der Akzeptanz weichen. Nicht, weil du entschuldigst, was passiert ist, oder sagst, dass es nicht weh getan hat, sondern weil Akzeptanz der Schlüssel ist, um dich von der Vergangenheit zu befreien.

In diesem Kapitel werden wir untersuchen, wie wir mit diesen komplexen Emotionen – Trauer, Wut und letztendlich Akzeptanz – umgehen und durch sie Heilung finden können. Verrat bedeutet nicht das Ende deiner Geschichte. Es bedeutet den Beginn eines neuen Kapitels, in dem du deine Kraft zurückgewinnst, dein Herz heilst und voranschreitest.

Trauer über den Verlust dessen, was hätte sein können

Wenn du betrogen wirst, ist es nicht nur die Person oder Beziehung, die du verlierst. Es gibt eine ganze Zukunft, die du um diese Person herum aufgebaut hast, eine, in die du warst und in die du investiert hast. Du hast das verloren und die Träume, die du mit dieser Person aufgebaut hast. Die Trauer, die folgt, dreht sich nicht nur um die Gegenwart – es geht um alles, was du in der Zukunft für dich erwartet hast.

Ich erinnere mich, nachdem ich meine eigene Erfahrung mit Verrat gemacht hatte, wie viel Schmerz ich nicht nur wegen der Lügen oder des Betrugs empfand – es ging um das Leben, das wir uns vorgestellt hatten. Wir hatten über eine Zukunft gesprochen, die ein Zuhause, eine Familie, gemeinsame Ziele und die Vision des gemeinsamen Alterns umfasste. Plötzlich war all das weg. Ich trauerte nicht nur der Beziehung nach; Ich trauerte um den Tod einer ganzen Zukunft, auf die ich gerechnet hatte.

Das ist der Grund, warum sich die Trauer, die mit Verrat einhergeht, so überwältigend anfühlen kann. Du lässt nicht nur eine Person los; Du lässt eine Vision deines Lebens los. Und der Verlust dieser Zukunft kann sich anfühlen, als hätte er eine Leere in deinem Herzen hinterlassen, die unmöglich zu füllen scheint.

Es ist wichtig, sich selbst die Erlaubnis zu geben, nicht nur über die Beziehung zu trauern, sondern auch über all das Potenzial, das du in sie investiert hast. Tatsächlich ist es notwendig. Trauer ist Teil des Heilungsprozesses, und indem du dir erlaubst, den Verlust deiner imaginären Zukunft vollständig zu betrauern, machst du einen bedeutenden Schritt in Richtung Heilung.

Umgang mit Wut

Wut ist ein unvermeidlicher Teil des Verrats. Es ist eine rohe, kraftvolle Emotion, die sich allumfassend anfühlen kann. Du könntest dich dabei ertappen, wie du den Verrat in deinem Kopf durchspielst und dich auf jedes Detail, jede Lüge und jede verletzende Handlung fixierst. Vielleicht verspürst du eine tiefe, brodelnde Wut darüber, wie du behandelt wurdest, wie unfair das alles ist und wie machtlos es sich anfühlt, von jemandem überrumpelt worden zu sein, dem du vertraut hast.

Aber hier ist der knifflige Teil der Wut: Während sie eine normale, sogar gesunde Reaktion auf Verrat ist, kann sie auch zerstörerisch sein, wenn sie nicht kontrolliert wird. Wut hat eine Art, die Oberhand zu gewinnen, und wenn wir nicht aufpassen, kann sie zu dem werden, worauf wir uns konzentrieren. Wenn Wut uns verzehrt, trübt sie unser Urteilsvermögen, hält uns im Schmerz fest und stößt oft die Menschen weg, die versuchen, uns zu unterstützen.

Wie können wir also Wut verarbeiten, ohne uns von ihr kontrollieren zu lassen?

1. **Erkenne deine Wut an**: Der erste Schritt besteht darin, dir zu erlauben, wütend zu sein. Du hast jedes Recht, wütend zu sein, und so zu tun, als wäre alles in "Ordnung" oder es in dich hineinzustopfen, wird nicht helfen. Erkenne an, dass Wut eine natürliche Reaktion auf Verrat ist, und es ist in Ordnung, eine Weile mit diesem Gefühl zu sitzen.

2. **Äußern Sie Wut konstruktiv**: Es ist zwar wichtig, Ihre Wut zu fühlen, aber die Art und Weise, wie Sie sie ausdrücken, macht einen großen Unterschied. Vielleicht möchtest du schreien, Dinge werfen oder auf die Person einschlagen, die dich verletzt hat. Aber diese Reaktionen können zu

mehr Schaden führen. Anstatt dich von Wut verzehren zu lassen, solltest du produktive Wege finden, sie loszulassen. Manche Menschen finden, dass körperliche Aktivität – wie joggen, einen Boxsack schlagen oder sogar in ein Kissen schreien – hilft, die Intensität freizusetzen. Auch das Aufschreiben deiner Gedanken in ein Tagebuch oder das Gespräch mit einem vertrauten Freund kann Abhilfe schaffen.

3. **Finden Sie die zugrunde liegenden Emotionen**: Wut verdeckt oft tiefere Gefühle wie Verletzung, Traurigkeit oder Angst. Sobald die Intensität deiner Wut nachlässt, nimm dir Zeit, um zu erforschen, welche anderen Emotionen vorhanden sind. Trauern Sie um einen Verlust? Hast du Angst, wieder verletzlich zu sein? Indem du tiefer gräbst, kannst du anfangen, die Ursache deines Ärgers anzugehen.

Denke daran, Wut ist nur ein Teil des Prozesses, aber sie ist nicht das Ziel. Es ist eine starke Emotion, aber sie muss nicht dauerhaft sein.

Akzeptanz

Akzeptanz bedeutet nicht, zu entschuldigen, was passiert ist, oder so zu tun, als hätte es nicht wehgetan. Es bedeutet nicht, dass du mit dem, was passiert ist, einverstanden bist oder dass du jemals vollständig verstehen wirst, warum es passiert ist. Bei der Akzeptanz geht es einfach darum, den Schmerz, den Schmerz, den Verlust anzuerkennen – und zu entscheiden, dass du nicht mehr willst, dass diese Dinge die Kontrolle über dein Leben haben.

Akzeptanz zu erreichen ist einer der schwierigsten Schritte im Heilungsprozess, besonders wenn der Verrat frisch und der Schmerz noch roh ist. Aber bei der Akzeptanz geht es nicht darum, durch den Schmerz zu eilen. Es geht darum, sich alles fühlen zu lassen, was man fühlen muss, und mit der Zeit den Griff dieser Emotionen auf sich zu lösen.

Es ist wichtig zu verstehen, dass es bei der Akzeptanz nicht um *sie geht*. Es geht nicht darum, der Person zu vergeben, die dich betrogen hat, es sei denn, du fühlst dich bereit, es zu tun. Es geht um *Sie*. Bei der Akzeptanz geht es darum, dein Leben, deine Emotionen und deine Zukunft zurückzugewinnen.

Vielleicht wachst du eines Tages nicht auf und hast plötzlich das Gefühl, dass du Akzeptanz erreicht hast. Es ist ein allmählicher Prozess, der Zeit braucht. An manchen Tagen wirst du dich mit dem, was passiert ist, im Reinen fühlen, und an anderen Tagen wirst du das Gefühl haben, wieder am Anfang zu stehen. Das ist okay. Heilung ist etwas, auf das du hinarbeitest, jeden Tag ein bisschen, während du lernst, loszulassen, was du nicht kontrollieren kannst, und dich auf das zu konzentrieren, was du kannst: deinen eigenen Weg nach vorne.

Journaling-Aufforderungen und geführte Meditationen

Um Trauer und Wut zu verarbeiten und sich in Richtung Akzeptanz zu bewegen, können tägliche Praktiken wie Tagebuchschreiben und Meditation mächtige Werkzeuge sein. Hier sind einige Übungen, die Ihnen helfen, mit diesen Emotionen umzugehen:

1. Eingabeaufforderungen für das Journaling:
    o   *Trauer um den Verlust:* Schreibe über die Zukunft, die du dir mit dieser Person vorgestellt hast. Was waren deine Hoffnungen, Träume und Pläne? Erlaube dir, um das zu trauern, was verloren gegangen ist, und erkenne an, dass es in Ordnung ist, traurig über das Leben zu sein, das nie sein wird.
    o   *Wut lassen:* Schreibe darüber, was dich wütend macht. Was genau an dem Verrat schmerzt am meisten? Wie manifestiert sich diese Wut in deinem täglichen Leben? Welche anderen Emotionen könnten sich unter der Oberfläche Ihrer Wut verstecken?
    o   *Akzeptanz und Loslassen:* Denke darüber nach, was Akzeptanz für dich bedeutet. Wie würde es sich anfühlen, nicht mehr vom Verrat verzehrt zu werden? Welche Schritte kannst du unternehmen, um den

Griff zu lösen, den dieser Schmerz auf dich hat?

2. Geführte Meditation zum Loslassen von Wut:
   o Gehen Sie an einen ruhigen Ort, wo Sie niemand stören wird. Setzen Sie sich bequem hin und schließen Sie die Augen. Atmen Sie mehrmals tief ein, atmen Sie durch die Nase ein und durch den Mund aus.
   o Während du atmest, stelle dir deine Wut als eine schwere Last auf deiner Brust vor. Spüren Sie seine Gegenwart, aber seien Sie sich bewusst, dass Sie es nicht ewig tragen müssen. Mit jedem Ausatmen visualisierst du das Gewichtheben, das mit jedem Atemzug leichter wird.
   o Sag immer wieder: "Ich lasse los, was mir nicht hilft. Ich lasse die Wut los, die auf mir lastet. Ich bin bereit, voranzukommen."
   o Setze diese Meditation für 5-10 Minuten fort und erlaube dir, die Befreiung mit jedem Atemzug zu spüren.

3. Achtsame Trauerpraxis:
   o Trauer kann sich manchmal überwältigend anfühlen, aber Achtsamkeit ermöglicht es

dir, deine Emotionen zu beobachten, ohne von ihnen verzehrt zu werden. Wenn sich die Trauer besonders intensiv anfühlt, finde einen ruhigen Moment, um dich damit auseinanderzusetzen.

o Schließen Sie die Augen, atmen Sie ein paar Mal tief durch und nehmen Sie einfach wahr, wie sich die Trauer in Ihrem Körper anfühlt. Ist es schwer, straff oder unruhig? Versuche nicht, das Gefühl zu fixieren oder wegzuschieben, beobachte es einfach.

o Während du weiter atmest, erinnere dich daran, dass es in Ordnung ist, sich so zu fühlen. Trauer ist ein natürlicher Teil des Heilungsprozesses, und indem du dir erlaubst, dich damit auseinanderzusetzen, ehrst du deinen Schmerz und schaffst gleichzeitig Raum für Heilung.

Trauer, Wut und Akzeptanz sind nach Verrat tief miteinander verwoben. Jede dieser Emotionen spielt eine Rolle bei deiner Heilung, und keine sollte überstürzt oder ignoriert werden. Gönne dir den Raum, um zu trauern, was du verloren hast, um die Wut zu spüren, die unweigerlich folgt, und schließlich einen Ort der Akzeptanz zu erreichen, an dem der Schmerz keine Macht mehr über dich hat.

Diese Reise ist nicht einfach, aber sie wird dich zu dir selbst zurückführen. Mit der Zeit wird die Trauer weicher werden, die Wut wird verblassen und Akzeptanz wird die Tür zu neuen Möglichkeiten und einer Zukunft öffnen, die nicht durch Verrat definiert wird, sondern durch deine eigene Widerstandsfähigkeit und Stärke.

Kapitel 7

Vergebung

Vergebung kann einer der herausforderndsten, missverstandensten und zutiefst persönlichen Aspekte der Heilung nach Verrat sein. Wenn wir an Vergebung denken, sehen viele von uns es als diesen ultimativen Akt des Loslassens, als ob von uns erwartet wird, dass wir die Tafel sauber wischen und so tun, als wäre der Schmerz nie passiert. Diese Idee kann sich unmöglich anfühlen, besonders wenn uns der Verrat gebrochen und verletzt hat. Aber bei der Vergebung geht es nicht darum, deinen Schmerz zu leugnen, zu vergessen, was passiert ist, oder gar die Handlungen eines anderen zu akzeptieren. Es geht darum, dich von der Last zu befreien, diesen Schmerz mit dir herumzutragen.

Vergebung ist vor allem eine persönliche Reise, und es liegt an dir, sie in deiner eigenen Zeit und auf deine eigene

Weise zu navigieren. In diesem Kapitel werden wir untersuchen, was Vergebung wirklich bedeutet, die Mythen darum zerstreuen und diskutieren, warum Selbstvergebung wahrscheinlich der wichtigste Schritt in diesem Prozess ist. Und wenn du dich fragst, ob es für die Heilung notwendig ist, deinem Partner zu vergeben, werden wir auch das untersuchen. Spoiler: Es ist in Ordnung, deine Heilung an die erste Stelle zu setzen.

Was Vergebung wirklich bedeutet

Die Leute sagen immer wieder Dinge wie: "Vergeben heißt Vergessen" oder dass wir, um weiterzumachen, denen vergeben müssen, die uns verletzt haben. Diese Ideen sind nicht nur nicht hilfreich, sie können dir auch das Gefühl geben, dass du versagst, wenn du diesen Ort der Vergebung noch nicht erreicht hast.

Lassen Sie uns gleich etwas klarstellen: Vergebung bedeutet nicht, das Verhalten einer Person zu entschuldigen, ihre Handlungen zu dulden oder so zu tun, als ob der Verrat nicht stattgefunden hätte. Bei der Vergebung geht es nicht um sie. Es geht um Sie. Es ist eine Möglichkeit, dich von den emotionalen Ketten zu befreien, die dich an den Verrat fesseln. Es geht darum, den Griff der Vergangenheit auf dein Herz und deinen Verstand zu lösen, damit du in Frieden vorangehen kannst.

Früher dachte ich, Vergebung bedeute, zu sagen: "Es ist in Ordnung, ich vergebe dir", aber tief in mir fühlte ich mich, als würde ich mich dadurch selbst verraten. Es brauchte Zeit und Selbstreflexion, um zu erkennen, dass es bei Vergebung nicht darum geht, jemand anderem ein besseres Gefühl zu geben oder ihn von seinem Fehlverhalten freizusprechen. Es ging darum, mir selbst die Erlaubnis zu geben, den Schmerz nicht mehr jeden Tag neu zu durchleben. Ich konnte den Schmerz immer noch anerkennen, während ich mich entschied, ihn nicht meine Zukunft kontrollieren zu lassen.

Bei der Vergebung geht es darum, deine eigenen Wunden zu heilen, nicht darum, die Beziehung zu reparieren oder die Dinge mit der Person, die dich verletzt hat, wieder in Ordnung zu bringen. Manchmal bedeutet Vergebung, das Bedürfnis nach Rache, Vergeltung oder sogar Abschluss loszulassen. Es ist eine Möglichkeit, sich zu befreien.

Zuerst dir selbst vergeben

Bevor du überhaupt daran denken kannst, jemand anderem zu vergeben, musst du dir zuerst selbst vergeben. Wenn Verrat passiert, ist es leicht, den Schmerz zu verinnerlichen und zu glauben, dass du irgendwie für den Verrat verantwortlich bist, aber ich sage es noch einmal, du bist nicht schuld an den Handlungen eines anderen. Der Verrat war nicht deine Schuld. Du hast getan, was du konntest, mit den Informationen und dem Verständnis, das du damals hattest.

Bei der Selbstvergebung geht es darum, die Schuld und Scham loszulassen, an denen du vielleicht festhältst. Es ist ein kraftvoller Akt des Selbstmitgefühls. Es geht darum, anzuerkennen, dass du ein Mensch bist und Gnade und Verständnis wert bist. Heilung beginnt damit, sich selbst die Erlaubnis zu geben, voranzukommen, ohne dass das Gewicht der Selbstvorwürfe dich zurückhält.

Ist es notwendig, Ihrem Partner zu vergeben?

Eine Frage, die ich oft höre, ist: "Muss ich vergeben, um zu heilen?" Die kurze Antwort lautet: nein. Deinem Partner zu vergeben ist eine zutiefst persönliche Entscheidung und keine Voraussetzung für Heilung. Manche Menschen finden Frieden durch Vergebung, während andere das Gefühl haben, dass ihrer Heilungsreise besser gedient ist, wenn sie sich auf sich selbst konzentrieren und das Bedürfnis zu vergeben loslassen.

Bei der Vergebung geht es nicht darum, dass sich dein Partner besser fühlt oder die Beziehung repariert. Es geht um Ihr Wohlbefinden. Wenn du glaubst, dass du noch nicht bereit bist, zu vergeben, ist das völlig in Ordnung. Sie müssen es nicht erzwingen. Heilung kann auch ohne Vergebung geschehen, solange du aktiv daran arbeitest, den emotionalen Schmerz zu lösen, der mit dem Verrat verbunden ist.

Ich werde dich nicht anlügen; Es fiel mir schwer, mir das Konzept vorzustellen, meinem Ex zu vergeben. Ich hatte das Gefühl, dass ich sie irgendwie vom Haken ließ, indem ich ihnen vergab, und das passte mir nicht. Aber mit der Zeit verstand ich, dass es bei der Vergebung gar nicht um sie ging, sondern um mich. Ich konnte mich dafür entscheiden, ihnen in meinem Herzen zu vergeben, nicht um ihretwillen, sondern um meinetwillen, um den Zorn und den Groll loszulassen, die auf mir lasteten. Aber ich erkannte auch, dass es auch in Ordnung war, wenn ich mich nicht bereit fühlte, zu vergeben. Meine Heilung war immer noch gültig.

Die Entscheidung zu vergeben liegt ganz bei Ihnen. Vielleicht entscheidest du dich dafür, deinem Partner eines Tages zu vergeben, oder auch nicht. Wichtig ist, dass du dich nicht zur Vergebung zwingst, bevor du bereit bist. Heilung steht an erster Stelle. Vergebung, wenn sie geschieht, ist zweitrangig.

Übung: Visualisierungstechniken und Reflexionsfragen

Um dir zu helfen, deine Bereitschaft zur Vergebung zu erforschen, findest du hier einige praktische Übungen, die dich durch diesen Prozess führen können.

1. Visualisierung zum Lösen von Schmerzen:
    - Suchen Sie sich einen ruhigen Ort, an dem Sie bequem und ohne Ablenkungen sitzen können. Schließe die Augen, atme tief durch und erde dich in der Gegenwart.

    - Stell dir den Verrat wie einen schweren Stein vor, den du in deiner Brust getragen hast. Visualisiere diesen Stein und achte darauf, wie er sich anfühlt – sein Gewicht, seine Form, seine Härte.

    - Stell dir vor, wie der Stein mit jedem Ausatmen leichter, kleiner und weniger dicht wird. Während du weiter atmest, stelle dir vor, wie sich dieser Stein auflöst, sich in Staub verwandelt und vom Wind mitgerissen wird.

    - Wiederhole dir selbst: "Ich lasse den Schmerz los. Ich lasse los, was mir nicht hilft."

o Setze diese Übung für 5-10 Minuten fort und konzentriere dich auf das Gefühl von Leichtigkeit und Freiheit, während sich das Gewicht des Verrats auflöst.

2. Reflektierende Fragen zur Erforschung von Vergebung:

   o Bin ich bereit, mir selbst für vermeintliche Fehler oder Urteile während der Beziehung zu verzeihen? Warum oder warum nicht?

   o Wie würde es sich anfühlen, mir selbst zu vergeben? Wie könnte das meine Sicht auf diese Situation verändern?

   o Was glaube ich über Vergebung? Denke ich, dass es bedeutet, den Verrat zu entschuldigen oder zu vergessen? Wie kann ich Vergebung auf eine Weise neu definieren, die sich für mich richtig anfühlt?

   o Bin ich bereit, meinem Partner zu vergeben? Wenn nicht, was brauche ich, um mich bereit zu fühlen?

o Wie wirkt sich das Festhalten an Wut oder Groll auf mein tägliches Leben aus? Würde mir das Loslassen dieser Emotionen ein Gefühl des Friedens bringen, auch wenn ich nicht bereit bin, zu vergeben?

3. Selbstvergebungs-Meditation:
    o Setzen Sie sich in eine bequeme Position und schließen Sie die Augen. Lege deine Hände auf dein Herz.

    o Atme tief ein, und beim Ausatmen flüstere dir selbst zu: "Ich vergebe dir."

    o Während du weiter atmest, wiederhole dieses Mantra: "Ich vergebe dir, dass du es nicht weißt. Ich verzeihe dir, dass du vertraust. Ich vergebe dir, dass du damals dein Bestes gegeben hast."

    o Erlaube dir, die Wärme und das Mitgefühl dieser Worte zu spüren. Lass sie in dein Herz sinken, in dem Wissen, dass Vergebung ein Geschenk ist, das du dir selbst machen kannst.

Vergebung ist komplex, zutiefst persönlich und nicht etwas, das über Nacht geschieht. Es ist eine Reise, und wie jede Reise erfordert sie Geduld, Selbstmitgefühl und Zeit. Ob du dich entscheidest, deinem Partner zu vergeben oder nicht, liegt ganz bei dir, und es gibt keine richtige oder falsche Antwort. Das Wichtigste ist, dass Sie Ihre eigene Heilung und Ihr Wohlbefinden in den Vordergrund stellen.

Selbstvergebung ist oft der erste und wichtigste Schritt. Indem du dir erlaubst, die Scham, Schuld oder Selbstvorwürfe, die du vielleicht mit dir herumträgst, loszulassen, öffnest du die Tür zu wahrer Heilung. Und wenn du dich entscheidest, deinem Partner auf deinem Weg zu vergeben, solltest du wissen, dass es nicht für ihn ist, sondern für dich. Es ist eine Möglichkeit, dich vom Schmerz der Vergangenheit zu befreien und in eine Zukunft einzutreten, in der du nicht mehr durch Verrat definiert wirst, sondern durch deine Stärke, Widerstandsfähigkeit und Fähigkeit zu heilen.

Kapitel 8

Wiederaufbau deines Lebens nach dem Verrat

Nachdem der Sturm des Verrats vorüber ist und sich der Staub zu legen beginnt, ist einer der wichtigsten Schritte zur Heilung der Wiederaufbau deines Lebens. Es geht nicht nur darum, das zusammenzusetzen, was zerbrochen wurde – es geht darum, wiederzuentdecken, wer man ist, sein Selbstbewusstsein zurückzugewinnen und einen neuen Weg nach vorne zu finden. Verrat, so schmerzhaft er auch ist, kann auch als mächtiger Katalysator für Transformation dienen. Du lernst, was du nicht mehr tolerieren wirst, wie du dich besser schützen kannst, und vor allem erkennst du, dass du dein Leben zu deinen Bedingungen neu aufbauen kannst.

In diesem Kapitel dreht sich alles um diese Reise – den Wiederaufbauprozess. Wir werden erforschen, wie du dich wieder mit deiner Identität verbindest, neue Grenzen setzt, die deinen Wert ehren, und vor allem, wie du wieder lernst, dir selbst und anderen zu vertrauen. Diese Schritte sind zwar herausfordernd, aber der Schlüssel, um nicht nur Genesung, sondern auch eine tiefere, gestärktere Version von sich selbst zu finden. Und natürlich beenden wir das Kapitel mit praktischen Übungen, die Ihnen helfen, konkrete Schritte zu unternehmen, um Ihr Selbstvertrauen und Ihre Unabhängigkeit wieder aufzubauen.

Sich wieder mit dem verbinden, was du bist

Wenn der Verrat zuschlägt, besonders in einer romantischen Beziehung, fühlt es sich oft so an, als würdest du einen Teil von dir selbst verlieren. Du fragst dich vielleicht: "Wer bin ich ohne diese Beziehung?" Ich weiß, dass diese Frage ziemlich beängstigend sein kann, aber sie ist auch befreiend. Die Wahrheit ist, dass wir, wenn wir jemanden zutiefst lieben, manchmal Teile von uns selbst verlieren – unsere Träume, unsere Wünsche, unser Selbstwertgefühl. Verrat kann uns bis ins Mark erschüttern, aber er kann auch als Gelegenheit dienen, uns wieder mit der Person zu verbinden, die wir immer waren, über die Beziehung hinaus.

Nachdem ich Verrat erlebt hatte, ging ich durch eine Phase, in der ich mich selbst nicht wiedererkannte. Mein Selbstvertrauen war erschüttert, und die Dinge, die mir früher Freude bereitet hatten, fühlten sich fremd an. Aber langsam begann ich, die Teile von mir zu erforschen, die während der Beziehung inaktiv geblieben waren. Ich nahm alte Hobbys wieder auf, verbrachte Zeit mit Freunden, die ich seit Ewigkeiten nicht mehr gesehen hatte, und entdeckte meine Leidenschaft für das Schreiben wieder. Sich wieder mit diesen Aspekten von mir selbst zu verbinden, war wie frische Luft zu atmen, nachdem ich zu lange unter Wasser war.

Hier ist die schöne Wahrheit: Du bist mehr als das, was dir passiert ist. Du bist ein ganzer Mensch, voller Träume, Potenzial und Wert. Der Prozess, sich selbst neu zu entdecken, beginnt mit der Neugierde. Was gibt dir das Gefühl, lebendig zu sein? Was macht dich glücklich, wenn du alleine zu Hause bist? Was hast du vor dem Verrat an dir geliebt? Diese Dinge wiederzuentdecken, mag sich anfühlen, als würde man vergrabene Schätze ausgraben, aber der Prozess lohnt sich. Du lernst dich selbst wieder kennen, und das ist ein Geschenk.

Neue Grenzen setzen

Verrat kann oft Aufschluss darüber geben, wo die Grenzen zu locker waren oder wo du in der Vergangenheit vielleicht rote Fahnen ignoriert hast. Es ist zwar wichtig zu betonen, dass du nicht für den Verrat eines anderen verantwortlich bist, aber zu verstehen, wo die Grenzen verwischt wurden, kann dir helfen, gesündere Grenzen für die Zukunft zu definieren.

Das Setzen von Grenzen ist einer der ermächtigendsten Schritte, die du nach einem Verrat unternehmen kannst, weil es dir ermöglicht, dein emotionales Wohlbefinden in der Zukunft zu schützen. Bei Grenzen geht es nicht darum, Menschen fernzuhalten; Es geht darum, zu definieren, wo Ihre Bedürfnisse beginnen und enden, und sicherzustellen, dass diese Bedürfnisse berücksichtigt werden. Das kann bedeuten, öfter "Nein" zu sagen, deiner Intuition zu vertrauen, wenn sich etwas nicht richtig anfühlt, und zu lernen, wegzugehen, wenn Respekt oder Ehrlichkeit beeinträchtigt werden.

Auf meiner eigenen Reise habe ich auf die harte Tour gelernt, dass Grenzen eine Form der Selbstliebe sind. Zuerst hatte ich Angst, dass ich durch das Setzen von Grenzen die Leute wegstoßen würde, aber ich stellte fest, dass die Menschen, die sich wirklich um mich kümmerten, diese Grenzen respektierten. Sie sahen sie nicht als Mauern; Sie sahen sie als Richtlinien dafür, wie sie mich besser lieben können.

Wenn du anfängst, Grenzen zu setzen, sendest du eine Botschaft an dich selbst und andere, dass du Respekt verdient. Du sagst: "Das ist es, was ich brauche, um mich sicher, respektiert und wertgeschätzt zu fühlen." Es kann anfangs unangenehm sein, aber wenn du mehr Vertrauen in deine Grenzen hast, werden sie zu einem wichtigen Teil deiner Heilung.

Wieder vertrauen lernen

Einmal gebrochenes Vertrauen kann sich wie eine Unmöglichkeit anfühlen, es wieder aufzubauen. Nach einem Verrat fragst du vielleicht deine Fähigkeit, jemals wieder jemandem zu vertrauen – sei es ein romantischer Partner, ein Freund oder sogar du selbst. Das ist normal. Verrat hinterlässt tiefe Wunden, und Vertrauen kann sich im Nachhinein wie eine zerbrechliche Sache anfühlen. Aber hier ist die Wahrheit: Vertrauen ist kein Schalter, den man ein- oder ausschalten kann; Es ist eine Praxis, und es ist etwas, das im Laufe der Zeit wieder aufgebaut werden kann.

Einer der ersten Schritte, um wieder vertrauen zu lernen, besteht darin, das Vertrauen in sich selbst wieder aufzubauen. Verrat lässt uns oft unser eigenes Urteilsvermögen in Frage stellen. Wir fragen uns: "Wie konnte ich das nicht kommen sehen?" oder "Warum habe ich meinem Bauchgefühl nicht vertraut?" Du beginnst vielleicht, an deiner Fähigkeit zu zweifeln, gute Entscheidungen zu treffen, aber du kannst dieses Vertrauen zurückgewinnen, indem du erkennst, dass Verrat nicht dein Wert oder deine Fähigkeit, die Wahrheit wahrzunehmen, widerspiegelt – sondern die Entscheidungen der anderen Person widerspiegelt.

Um das Vertrauen in sich selbst wiederherzustellen, fangen Sie klein an. Vertrauen Sie Ihrer Intuition, wenn es um alltägliche Entscheidungen geht. Ehren Sie Ihre Instinkte, wenn sich etwas nicht richtig anfühlt. Wenn du konsequent auf deine innere Stimme hörst und sie ehrst, wird dein Vertrauen in dein eigenes Urteilsvermögen wachsen.

Was das Vertrauen in andere betrifft, so wird dies mit der Zeit kommen. Es bedeutet nicht, sich in eine neue Beziehung zu stürzen oder deine Wachsamkeit zu schnell zu verlieren. Es geht darum, zu lernen, Menschen langsam hereinzulassen, während sie sich durch konsequentes, respektvolles Verhalten Ihr Vertrauen verdienen. Denke daran, dass Vertrauen nicht etwas ist, das du freiwillig gibst – es ist etwas, das sich andere verdienen, indem sie sich im Laufe der Zeit authentisch und respektvoll zeigen.

Übung: Unabhängigkeit und Selbstvertrauen zurückgewinnen

Jetzt, da wir darüber gesprochen haben, wie man seine Identität wiederentdeckt, neue Grenzen setzt und lernt, wieder zu vertrauen, ist es an der Zeit, diese Konzepte in die Tat umzusetzen. Diese Übungen werden dir helfen, konkrete Schritte zu unternehmen, um dein Leben nach dem Verrat wieder aufzubauen.

1. Übung zur Wiederherstellung von Identitäten:
   - Nimm dir ein Tagebuch und liste 10 Dinge auf, die dich lebendig oder freudig fühlen lassen. Das kann alles sein, von Hobbys, die du vergessen hast, über Aktivitäten, bei

denen du das Zeitgefühl verlierst, bis hin zu Menschen, die dich inspirieren.

o Sobald Sie Ihre Liste haben, wählen Sie eine Aktivität aus, an der Sie diese Woche teilnehmen möchten. Es könnte so einfach sein, Zeit mit einem Freund zu verbringen, der dich zum Lachen bringt, oder das Buch in die Hand zu nehmen, das du schon immer lesen wolltest.

o Achte darauf, wie du dich fühlst, wenn du eines der Dinge tust, die dir das Gefühl geben, dir selbst näher zu sein und deine Gesellschaft mehr zu genießen. Achte auf Momente der Freude, des Friedens oder der Erfüllung und lehne dich an diese Momente, während du dein Leben wieder aufbaust.

2. Plan zur Grenzsetzung:

o Denke über deine frühere Beziehung nach und identifiziere einen Bereich, in dem du dir wünschtest, du hättest eine festere Grenze gezogen. Das kann in der Kommunikation, im Respekt, in der Ehrlichkeit oder in der gemeinsam verbrachten Zeit sein.

o Schreibe auf, wie deine neue Grenze aussieht. Wenn Kommunikation zum

Beispiel ein Problem war, könnte deine neue Grenze lauten: "Ich toleriere keine unehrliche oder abweisende Kommunikation."

- o Üben Sie, diese Grenze in einer sicheren Umgebung mit geringem Einsatz auszudrücken. Du kannst ein Rollenspiel mit einem Freund spielen oder es sogar aufschreiben, um zu üben, wie du es in Zukunft kommunizieren wirst.
- o Denken Sie daran, dass es bei Grenzen nicht darum geht, andere zu kontrollieren; Es geht darum, Ihr emotionales Wohlbefinden zu schützen.

3. Aufforderung zum vertrauensbildenden Journaling:

- o Schreibe über eine Zeit, in der du deinen Instinkten vertraut hast und es dir gut getan hat. Was ist passiert? Woher wussten Sie, dass Sie sich selbst vertrauen können?
- o Denke darüber nach, wie es sich angefühlt hat, deine Intuition zu ehren. Was haben Sie während dieser Erfahrung über sich selbst herausgefunden?
- o Schreibe als Nächstes über eine Situation, in der du dir selbst nicht vertraut hast. Was würdest du jetzt anders machen? Wie würden Sie in Zukunft mit dieser Situation umgehen?

o Erinnere dich während deines Tagebuchs daran, dass der Wiederaufbau von Vertrauen in dich selbst ein Prozess ist, und dass es in Ordnung ist, auf dem Weg dorthin kleine Schritte zu machen.

4. Aktionsplan zur Wiederherstellung des Vertrauens:

o Listen Sie drei Bereiche Ihres Lebens auf, in denen Sie Ihre Unabhängigkeit oder Ihr Selbstvertrauen zurückgewinnen möchten. Dies kann in Ihrer Karriere, in persönlichen Beziehungen oder sogar in Ihren Hobbys sein.

o Schreiben Sie für jeden Bereich eine kleine Maßnahme, die Sie ergreifen können, um diesem Ziel näher zu kommen. Wenn Sie zum Beispiel wieder Vertrauen in soziale Umgebungen gewinnen möchten, könnten Sie diesen Monat an einer gesellschaftlichen Veranstaltung teilnehmen und sich mit mindestens einer neuen Person unterhalten.

o Feiern Sie jeden kleinen Sieg, während Sie diese Schritte gehen. Der Wiederaufbau von Selbstvertrauen braucht Zeit, aber mit jeder Handlung forderst du dein Leben zurück und trittst in deine Kraft ein.

Verrat an deinem Leben zurückzubekommen ist nicht etwas, das über Nacht passiert. Es ist eine Reise, die Geduld, Selbstmitgefühl und die Bereitschaft erfordert, Ihre Komfortzone zu verlassen. Aber mit jedem Schritt, den du machst — sei es, dich wieder mit deinem Selbstgefühl zu verbinden, neue Grenzen zu setzen oder langsam wieder zu lernen — schaffst du ein Leben, das deinen Wert ehrt und deine Stärke widerspiegelt. Vertraue auf dich selbst, ehre deine Grenzen und gib dir selbst die Erlaubnis, ein Leben zu schaffen, das erfüllt, authentisch und tief mit dem verbunden ist, was du bist.

Kapitel 9

Wie sieht die Zukunft aus?

In diesem Kapitel geht es darum, deine Zukunft zurückzuerobern. Du hast den Schmerz durchgemacht, du hast den Sturm gemeistert, und jetzt ist es an der Zeit, nicht nur ein Leben, sondern ein *schönes Leben wieder aufzubauen* . Eine, die in der Selbstliebe verankert ist, angetrieben von neu gewonnener Klarheit und voller Freude. Ja, Freude. Selbst nach dem tiefsten Kummer wartet die Freude auf dich – oft an den kleinsten, unerwartetsten Orten.

Wir werden darüber sprechen, wie die Selbstliebe die Grundlage von allem ist. Wir werden darüber sprechen, wie man nach einem Verrat Freude und Glück wiederentdeckt, auch wenn es sich wie eine ferne Erinnerung anfühlt. Und zum Schluss gehen wir darauf ein, wie es zu enormem persönlichem Wachstum führen kann, wenn du dein Leben nach einem Verrat mit Klarheit weiterführst. Zum Schluss habe ich praktische Übungen eingefügt, die dir helfen, mehr Freude, Dankbarkeit und Widerstandsfähigkeit in dein Leben zu bringen. Weil Sie es verdient haben.

Die Kraft der Selbstliebe

Selbstliebe ist die Grundlage von allem, wenn es darum geht, von Verrat zu heilen. Und doch ist es für viele von uns das Schwierigste, es zu kultivieren. Ich weiß aus erster Hand, wie leicht es ist, nach einem Verrat in Selbstzweifel zu verfallen. Du stellst deinen Wert in Frage, spielst die Vergangenheit noch einmal ab und gibst dir manchmal die Schuld für die Handlungen anderer. Es ist eine Spirale, die zu mehr Verletzungen führen kann, wenn sie nicht kontrolliert wird.

Aber die Sache ist die: Heilung beginnt wirklich, wenn du anfängst, dich selbst wieder zu lieben.

Für mich war die Selbstliebe nach meinem Verrat nicht einfach. Ich hatte so viel Energie darauf verwendet, jemand anderen zu lieben, dass ich nicht einmal mehr wusste, wie Selbstliebe aussieht. Mein erster Schritt, um meine Zukunft zurückzuerobern, bestand darin, zu erkennen, dass ich mein eigener größter Unterstützer werden musste. Schluss mit Selbstkritik. Ich mache mir keine Schuld mehr für Dinge, die außerhalb meiner Kontrolle liegen. Stattdessen fing ich klein an – tägliche

90

Akte der Selbstfürsorge, Momente, in denen ich mir Gnade erlaubte, und Entscheidungen, bei denen ich mein Wohlbefinden über alles andere stellte.

Bei der Selbstliebe geht es um mehr als nur darum, sich selbst zu verwöhnen, aber das gehört dazu. Es geht darum, sich selbst mit der Freundlichkeit und dem Mitgefühl zu behandeln, die man einem engen Freund entgegenbringen würde. Es geht darum, Grenzen zu setzen, die Ihren emotionalen Raum schützen, und Entscheidungen zu treffen, die mit Ihren Werten und Zielen übereinstimmen. Wenn du von einem Ort der Selbstliebe aus beginnst, wird alles andere – Heilung, Wachstum, Freude – möglich.

Hier ist eine kraftvolle Erinnerung: Du bist es wert, geliebt zu werden, besonders von dir selbst. Egal, ob Sie es schon tausendmal gehört haben oder es zum ersten Mal lesen, lassen Sie es auf sich wirken. Deine Zukunft musst du zurückerobern, und Selbstliebe ist dein Kompass.

Wieder Freude finden

Einer der überraschendsten Teile meiner Heilungsreise war die Wiederentdeckung der Freude. Ich werde nicht lügen – es ist nicht über Nacht passiert. Am Anfang fühlte sich Freude für mich fremd an, wie etwas, das ich mir verdienen oder außerhalb von mir selbst finden musste. Früher habe ich mich gefragt: "Kann ich nach allem, was ich durchgemacht habe, jemals wieder glücklich werden?"

Aber was ich gelernt habe, ist, dass Freude keine großartige, lebensverändernde Erfahrung sein muss. Sie können Glück in der Wärme Ihres Morgenkaffees finden, Kindern beim Spielen zusehen, mit Freunden zu lachen oder einen Spaziergang in der Natur zu machen. Freude ist nicht die Abwesenheit von Schmerz; Es ist die Gegenwart von etwas Schönem, das dich an die Güte des Lebens erinnert.

Für mich kam der wirkliche Wendepunkt, als ich aufhörte, auf die Freude zu warten, und anfing, sie für mich selbst zu erschaffen. Ich fing damit an, Dinge zu tun, die mich glücklich machten – meine Lieblingsmusik zu hören, mich wieder mit Hobbys zu verbinden, die ich lange aufgegeben hatte, und Zeit mit Menschen zu verbringen, die mir ein gutes Gefühl gaben. Zuerst fühlte es sich gezwungen an, fast so, als würde ich die Bewegungen durchlaufen. Aber langsam begann die Freude wieder in mein Leben zu treten.

Es gab einen Moment, den ich nie vergessen werde: Ich saß draußen und schaute meinen Neffen beim Spielen zu, und zum ersten Mal seit einer gefühlten Ewigkeit lächelte ich. Ein echtes, aufrichtiges Lächeln. Es war eine kleine Sache, aber es fühlte sich wie ein monumentaler Schritt an. So kehrt die Freude oft zurück – leise, auf kleine, aber bedeutungsvolle Weise.

Hab also keine Angst, das Glück zu umarmen, auch nach dem Verrat. Es ist kein Verrat an deinem Schmerz, Freude zu empfinden. Tatsächlich ist es ein notwendiger Teil der

Heilung. Du verdienst es, glücklich zu sein. Du verdienst es, wieder zu lächeln, zu lachen, dich lebendig zu fühlen.

Persönliches Wachstum nach Verrat

Verrat hat eine Art, Dinge auf eine Weise zu klären, wie es nur wenige andere Erfahrungen können. Wenn du den Schmerz durchmachst, von jemandem verletzt zu werden, dem du vertraut hast, bist du gezwungen, nicht nur die Beziehung, sondern auch dich selbst zu überprüfen. Was willst du? Was sind Ihre nicht verhandelbaren Punkte? Wen möchtest du in Zukunft bringen? Das sind schwierige Fragen, aber sie führen zu einigen der tiefgreifendsten persönlichen Wachstum.

Für mich führte der Verrat zu einem tieferen Verständnis meiner eigenen Bedürfnisse und Grenzen. Ich erkannte, dass ich bestimmte Teile von mir in der Beziehung vernachlässigt und versucht hatte, mich so zu formen, dass ich den Erwartungen anderer entsprach. Als der Verrat geschah, war das wie ein Weckruf. Ich musste mich mit der Art und Weise auseinandersetzen, wie ich mein eigenes Glück aufs Spiel gesetzt hatte, um eine Beziehung aufrechtzuerhalten.

Aber diese Klarheit kam nicht sofort. Es brauchte Zeit, Reflexion und viel Selbstbefragung. Langsam begann ich zu verstehen, dass der Verrat nicht nur ein Verlust war, sondern eine Gelegenheit, mehr über mich selbst zu erfahren. Ich lernte, meinen Wert zu erkennen, Grenzen

93

zu setzen, die meine emotionalen Bedürfnisse respektierten, und Ziele zu verfolgen, die mit dem übereinstimmten, was ich bin, und nicht mit dem, was jemand anderes von mir wollte.

Dein Leben mit Klarheit fortzusetzen bedeutet, an den Lektionen festzuhalten, die du gelernt hast. Es geht darum, das, was man durch den Verrat gelernt hat – über Vertrauen, über Selbstwert, über Widerstandsfähigkeit – zu nutzen und dieses Wissen zu nutzen, um eine bessere Zukunft aufzubauen. Persönliches Wachstum ist nicht linear, aber mit jedem Schritt nach vorne schaffst du ein Leben, das stärker, authentischer und tief mit deinem wahren Selbst verbunden ist.

Freude, Dankbarkeit und emotionale Widerstandsfähigkeit finden

Lassen Sie uns nun auf einige praktische Möglichkeiten eingehen, wie Sie Freude, Dankbarkeit und emotionale Widerstandsfähigkeit in Ihrem täglichen Leben kultivieren können. Diese Übungen sollen dir helfen, dich wieder mit dir selbst zu verbinden und die Zukunft mit offenem Herzen anzunehmen.

1. Tägliches Selbstliebe-Ritual:
   - Stelle dich jeden Morgen vor einen Spiegel, schaue dir in die Augen und sage drei Dinge, die du an dir liebst. Diese können so einfach sein wie "Ich liebe meine Stärke",

"Ich liebe meine Widerstandsfähigkeit" oder "Ich liebe es, wie ich mich selbst zeige". Diese Praxis mag sich anfangs unangenehm anfühlen, aber mit der Zeit kann sie deine Beziehung zu dir selbst radikal verändern.

- o Achte im Laufe des Tages darauf, wenn selbstkritische Gedanken aufkommen, und ersetze sie sanft durch bestätigende Gedanken. Wenn du zum Beispiel Gedanken hast wie: "Ich bin wahrscheinlich nicht so gut, wie ich früher gedacht habe", stoppe dich selbst und tausche sie durch "Niemand ist perfekt, also reicht es, dass ich mein Bestes gebe."

2. Freuden-Glas:
   - o Erstellen Sie ein "Joy Jar", in dem Sie im Laufe des Tages kleine Momente der Freude aufschreiben. Es kann so einfach sein wie eine Tasse Tee zu genießen, ein freundliches Wort von einem Freund zu bekommen oder die Wärme der Sonne zu spüren. Jedes Mal, wenn du Freude verspürst, schreibe sie auf einen Zettel und lege sie in das Glas.
   - o An Tagen, an denen du dich niedergeschlagen fühlst, ziehe ein paar

Zettel aus dem Glas und lies sie. Es ist eine schöne Erinnerung daran, dass Freude immer präsent ist, auch in schwierigen Zeiten.

3. Praxis der Dankbarkeit:
    o Schreibe am Ende eines jeden Tages drei Dinge auf, für die du dankbar bist. Das müssen keine großen Ereignisse sein – auch kleine Momente zählen. Dankbarkeit ist ein mächtiges Gegenmittel gegen die Schwere, die Verrat hinterlassen kann.
    o Denke darüber nach, wie das Üben von Dankbarkeit deinen Fokus von dem, was fehlt, auf das verschiebt, was in deinem Leben reichlich vorhanden ist. Im Laufe der Zeit kann diese Praxis Ihr Gehirn neu verdrahten, um das Positive häufiger zu bemerken.

4. Check-in für emotionale Resilienz:
    o Überprüfen Sie jeden Tag, wie es Ihnen emotional geht. Wie fühlst du dich? Gibt es irgendwelche Emotionen, die Sie vermieden haben? Setze dich mit diesen Gefühlen hin und erkenne sie an, ohne sie zu verurteilen.

o   Üben Sie ein paar tiefe Atemzüge oder eine kurze Meditation, um sich zu zentrieren. Dieser einfache Akt der Achtsamkeit kann helfen, emotionale Widerstandsfähigkeit aufzubauen, indem er Ihnen beibringt, mit Ihren Emotionen präsent zu sein, anstatt von ihnen überwältigt zu werden.

Wenn du deine Zukunft nach einem Verrat zurückeroberst, geht es nicht nur darum, weiterzumachen – es geht darum, mit Zielstrebigkeit, Klarheit und einem tieferen Selbstbewusstsein voranzukommen. Nimm Selbstliebe als Grundlage für alles an, was du tust. Erlauben Sie sich, auch in den kleinsten Augenblicken wieder Freude zu finden. Und mach weiter mit der Klarheit, dass Verrat, so schmerzhaft er auch ist, zu enormem persönlichem Wachstum führen kann. Du wirst nicht durch das definiert, was dir passiert ist – du wirst dadurch definiert, wie du aufsteigst, wie du deine Macht zurückforderst und wie du das schöne Leben umarmst, das auf dich wartet.

Deine Zukunft liegt in deiner Hand, und sie wird außergewöhnlich sein.

Schlussfolgerung

Zum Ende dieses Buches möchte ich dich an etwas unglaublich Wichtiges erinnern: Du bist so viel mehr als der Verrat, den du erlebt hast. Der Schmerz und der Kummer, von jemandem verletzt zu werden, dem du vertraut hast, definieren dich nicht, und er schränkt sicherlich nicht die Zukunft ein, die du für dich selbst gestalten kannst. Verrat ist ein Teil deiner Geschichte, ja, aber es ist nicht *deine* Geschichte. Deine Geschichte ist eine Geschichte von Widerstandsfähigkeit, Wachstum und einer tiefen, unerschütterlichen Stärke, die du vielleicht noch nicht vollständig erkannt hast – aber glaub mir, sie ist da.

In jedem Kapitel dieser Reise, von der Trauer um den Verlust dessen, was hätte sein können, über die komplexen Emotionen der Wut bis hin zur Wiederentdeckung des eigenen Selbstgefühls, ging es darum, sich selbst zurückzugewinnen . Und hier ist das Schöne: Du bist immer noch hier. Du hast dich entschieden, diese Worte zu lesen, über deine Heilung nachzudenken und Schritte in Richtung einer besseren Zukunft zu unternehmen. Wenn nichts anderes es tut, sagt mir das, wie stark du bist.

Eine Botschaft der Hoffnung

Verrat kann sich anfühlen, als würde er dir alles nehmen. Dein Gefühl des Vertrauens, deine Vision für die Zukunft und manchmal sogar dein Glaube an dich selbst. Aber auch wenn Verrat dich formen kann, *definiert er* dich nicht. Die schwierigsten Momente im Leben werden oft zum Katalysator für die tiefgreifendsten Veränderungen. Dies ist eine Gelegenheit – so schwierig es im Moment auch erscheinen mag –, zu entdecken, wie stark, weise und fähig du bist.

Ich habe Menschen kennengelernt, mit Menschen gearbeitet und meine eigenen Erfahrungen gemacht, die mir immer wieder gezeigt haben: Der menschliche Geist ist unglaublich widerstandsfähig. Selbst in den Tiefen der Verzweiflung, selbst wenn es sich anfühlt, als würde der Schmerz nie enden, gibt es immer Hoffnung. Hoffnung auf Heilung, Hoffnung auf Freude und Hoffnung auf eine Zukunft, die noch erfüllender ist als die, die ihr euch vor dem Verrat vorgestellt habt.

Du heilst nicht nur von Verrat – du wachst zu einer stärkeren, authentischeren Version von dir selbst heran. Du wirfst das Gewicht der Entscheidungen anderer ab, trittst in deine eigene Kraft und entdeckst wieder, was dich ausmacht. Es ist ein schmerzhafter Prozess, aber er ist auch unglaublich schön. Und während du weiter heilst, denke daran, dass du all die Liebe, Freude und das Glück verdienst, die diese Welt zu bieten hat.

Bevor wir uns trennen, möchte ich mir einen Moment Zeit nehmen, um direkt zu euch zu sprechen, von meinem Herzen zu eurem.

Wenn Sie dies lesen, haben Sie bereits Schritte unternommen, die immensen Mut erfordern. Sich dafür zu entscheiden, sich dem Schmerz des Verrats zu stellen, zu heilen, zu reflektieren und zu wachsen – das sind Akte des Mutes. Auch wenn du es noch nicht siehst, ich sehe es – und ich möchte das in dir feiern.

Du hast dich mit einigen der härtesten Emotionen auseinandergesetzt, die wir als Menschen erleben können: Trauer, Wut, Verlust und Angst. Und doch bist du hier, stehst in deiner eigenen Wahrheit, liest diese Worte und entscheidest dich für Heilung. Darauf kann man stolz sein.

Dein Mut, deine Widerstandsfähigkeit und deine Bereitschaft, nach Werkzeugen zur Heilung zu suchen, sagen mir eines: Du bist bereits auf dem besten Weg zur Heilung. Du hast alles in dir, um ein Leben voller Liebe, Freude und Sinn zu erschaffen.

Ich hoffe, dass du, während du weitermachst, ein tiefes Gefühl der Selbstliebe mit dir herumträgst. Dein Herz hat mehr bekommen, als es erwartet hat, und jetzt verdient es all die Fürsorge, Freundlichkeit und Mitgefühl, die es bekommen kann. Schaffen Sie Platz dafür in Ihrem Leben.

Du hast so viel durchgemacht und du verdienst all die Freundlichkeit, das Mitgefühl und die Zärtlichkeit, die du jemandem entgegenbringen würdest, den du liebst. Denke daran, dir selbst die gleiche Liebe zu schenken.

Ich fühle mich geehrt, Teil Ihrer Heilungsreise zu sein. Ich weiß, dass du weiter wachsen, heilen und eine Zukunft aufbauen wirst, die noch außergewöhnlicher ist, als du es dir jetzt vorstellen kannst. Ich glaube an dich.

Von ganzem Herzen,

Laura Gardner

P.S. Wann immer Sie eine Erinnerung an Ihre Stärke brauchen, kommen Sie auf diese Seiten zurück. Sie sind für dich da, so wie du für dich selbst da bist.

Journaling-Aufforderungen zur Reflexion und Selbstfindung

Journaling kann eines der mächtigsten Werkzeuge zur Selbstreflexion und Heilung nach Verrat sein. Verwenden Sie diese zusätzlichen Eingabeaufforderungen als Leitfaden für alle Phasen Ihrer Genesung. Nutze diese, um deine Emotionen zu erforschen, deine Bedürfnisse zu verstehen und dein Selbstwertgefühl wieder aufzubauen.

1. Verarbeitung des Schmerzes

- Welche Emotionen fühle ich gerade? Wie fühlen sie sich in meinem Körper an?
- Wenn ich an den Verrat denke, welches bestimmte Ereignis oder welcher Moment kommt mir in den Sinn? Wie habe ich mich damals gefühlt, und wie fühle ich mich heute?
- Was war für mich das Schwierigste an dem Verrat – war es die Tat selbst, die Person, die mich verletzt hat, oder die Auswirkungen auf meine Zukunft?

2. Grenzen und Vertrauen verstehen

- Wo habe ich in meinen früheren Beziehungen rote Fahnen ignoriert und was hat mich dazu gebracht, sie zu ignorieren?

- Was bedeutet Vertrauen für mich und wie definiere ich es jetzt, nach dieser Erfahrung?
- Wo wurden meine Grenzen in dieser Beziehung überschritten und wie kann ich in Zukunft gesündere Grenzen durchsetzen?

3. Wiederaufbau des Selbstwertgefühls

- Inwiefern hat sich der Verrat auf mein Selbstverständnis ausgewirkt? Welche negativen Gedanken über mich selbst sind dadurch entstanden?
- Was sind drei Dinge, die ich an mir selbst liebe, trotz allem, was passiert ist?
- Welche persönlichen Eigenschaften oder Stärken haben mir bisher geholfen, diesen Schmerz zu überstehen?

4. Trauer und Loslassen

- Um welche Aspekte der Beziehung trauere ich am meisten? Die Person? Die Zukunft, die wir geplant haben? Den Komfort der Vertrautheit?
- Wie hat sich das Loslassen bisher für mich angefühlt? Behalte ich irgendetwas aus dieser Beziehung, das mir nicht mehr dient?
- Wenn ich mit meinem jüngeren Ich sprechen könnte, was würde ich ihnen über die Heilung von Verrat und das Weitermachen erzählen?

5. Rückforderung Ihrer Identität

- Wer bin ich außerhalb dieser Beziehung? Welche Aktivitäten, Leidenschaften oder Eigenschaften lassen mich am meisten wie ich selbst fühlen?
- Welche Wünsche hatte ich schon immer, die ich mir jetzt erfüllen kann, jetzt, wo ich all diese Zeit zur Verfügung habe?
- Wie kann ich meine Individualität jeden Tag feiern, auch wenn es sich um kleine Dinge handelt?

6. Mit Vergebung und Akzeptanz voranschreiten

- Wie fühle ich mich gerade zum Thema Vergebung? Was bedeutet Vergebung für mich, und fühle ich mich bereit, sie zu erforschen?
- Wenn ich meinem Partner vergeben würde, wie würde das für mich aussehen? Bedeutet Vergebung Versöhnung oder einfach nur das Loslassen der Last des Zorns?
- Wie kann ich mich in Selbstvergebung üben für Entscheidungen, die ich in der Beziehung getroffen habe und die ich jetzt bereue?

7. Freude und Dankbarkeit umarmen

- Was sind drei Dinge – egal wie klein sie sind –, die mir in meinem täglichen Leben Freude bereiten?
- Wie kann ich mehr Dankbarkeit kultivieren? Welche einfachen Momente oder Erlebnisse kann ich heute schätzen?

- Wie sieht Glück für mich aus, wenn ich mich vorwärts bewege, und wie kann ich anfangen, kleine Schritte zu unternehmen, um diese Realität zu schaffen?

8. Das Vertrauen in mich selbst und andere wieder aufbauen

- Was kann ich tun, um nach diesem Verrat wieder Vertrauen in mich selbst aufzubauen? Wie kann ich mich auf meine innere Weisheit verlassen, wenn ich vorankomme?
- Auf welche Eigenschaften werde ich in zukünftigen Beziehungen achten, um sicherzustellen, dass von Anfang an Vertrauen aufgebaut wird?
- Wie kann ich neue Beziehungen mit gesunder Vorsicht angehen und gleichzeitig offen für Verletzlichkeit und Verbundenheit sein?

9. Langfristige Heilung und Wachstum

- Auf welche Weise bin ich durch diese Erfahrung gewachsen oder habe mich verändert, und wie fühle ich mich angesichts dieser Veränderungen?
- Wie sieht Heilung für mich auf lange Sicht aus, über das bloße Überwinden des Verrats hinaus?
- Wie werde ich mich und meine emotionale Gesundheit auch in Zukunft pflegen?

Diese Journaling-Aufforderungen können als Möglichkeit dienen, deine Emotionen zu verarbeiten, dich wieder mit dir selbst zu verbinden und zu erkennen, was du brauchst, wenn du deine Heilungsreise fortsetzt. Fühlen Sie sich frei, sie so oft wie nötig zu wiederholen – Heilung ist keine einmalige Aufgabe, sondern ein fortlaufender Prozess, der sich im Laufe der Zeit weiterentwickelt.

Vielen Dank fürs Lesen!

Vielen Dank, dass Sie sich entschieden haben, mein Buch zu lesen. Es bedeutet mir sehr viel, dass du dir die Zeit genommen hast, dich mit meiner Arbeit auseinanderzusetzen.

Ich habe mein Herz und meine Seele in die Erstellung dieses Buches gesteckt und unzählige Stunden damit verbracht, sicherzustellen, dass es etwas wirklich Wertvolles für Sie wird. Jetzt, da Sie es gelesen haben, würde ich mich freuen, Ihre Gedanken zu hören.

Wenn Sie dieses Buch hilfreich oder inspirierend fanden, würde es Ihnen etwas ausmachen, eine Rezension zu hinterlassen? Euer ehrliches Feedback hilft mir nicht nur, als Autor zu wachsen, sondern unterstützt auch andere Leser dabei, meine Arbeit zu entdecken. Jede Rezension macht einen großen Unterschied, besonders für unabhängige Autoren wie mich.

Ich schätze Ihre Zeit und Unterstützung sehr. Zu wissen, dass meine Worte bei euch angekommen sind und bei euch Anklang gefunden haben, ist die beste Belohnung, die ich mir wünschen kann.

Nochmals vielen Dank und ich freue mich darauf, von Ihnen zu hören.

Laura Gardner Verlag

Wie dieses habe ich viele andere Bücher mit tollen Titeln, die Sie lesen möchten. Scannen Sie den untenstehenden Code, um sie jetzt zu finden!